Franco Lorandi
Professor Dr. iur., LL.M.

Schuldbetreibung und Konkurs (SchKG)

in a nutshell

3. Auflage

DIKE

Abbildung Umschlagseite: Dietrich Günther, München

Bibliografische Information der Deutschen Nationalbibliothek
Die Deutsche Nationalbibliothek verzeichnet diese Publikation in der Deutschen Nationalbibliografie; detaillierte bibliografische Daten sind im Internet über http://dnb.dnb.de abrufbar.

ISBN 978-3-03751-954-7

www.dike.ch

Vorwort

Das Buch «SchKG in a nutshell» behandelt das Schuldbetreibungs- und Konkursrecht. Der Zielsetzung «in a nutshell» entsprechend beschränken sich die Ausführungen auf das Wesentliche. Die gewählte Darstellungsform soll den Zugang zum SchKG als Verfahrensrecht erleichtern. Zu diesem Zweck wird auch auf Grafiken verwiesen, welche die verschiedenen Verfahrensabläufe veranschaulichen sollen. Zudem sollen rechtstatsächliche Hinweise dem Leser erleichtern, die praktische Bedeutung eines Verfahrens oder eines Instituts abschätzen zu können. Soweit die rechtstatsächlichen Hinweise auf offiziellen Statistiken beruhen, werden statistische Angaben bis 2016 berücksichtigt.

Die Gliederung folgt im Wesentlichen dem Aufbau des Gesetzes. In einem allgemeinen Teil werden Fragen erörtert, welche sich unabhängig vom konkreten Vollstreckungsverfahren stellen. Nachfolgend werden die einzelnen Betreibungs- und Zwangsvollstreckungsverfahren erläutert. Am Schluss werden die Handlungsmöglichkeiten der Gläubiger, des Schuldners und der Dritten im Überblick dargestellt.

Die 3. Auflage umfasst den Stand der Gesetzgebung, soweit diese per 1. Januar 2017 in Kraft war.

Zürich, im Mai 2017 — Franco Lorandi

Inhaltsübersicht

Inhaltsverzeichnis

Abkürzungsverzeichnis

AVIG	Bundesgesetz über die obligatorische Arbeitslosenversicherung und die Insolvenzentschädigung vom 25. Juni 1982 (Arbeitslosenversicherungsgesetz), SR 837.0
BEG	Bundesgesetz über Bucheffekten vom 8. Oktober 2008 (Bucheffektengesetz), SR 957.1
BGG	Bundesgesetz über das Bundesgericht vom 17. Juni 2005 (Bundesgerichtsgesetz), SR 173.110
BVG	Bundesgesetz über die berufliche Alters- und Hinterlassenen- und Invalidenvorsorge vom 25. Juni 1982 (BVG), SR 831.40
CHF	Schweizer Franken
d.h.	das heisst
EOG	Bundesgesetz über den Erwerbsersatz für Dienstleistende und bei Mutterschaft vom 25. September 1952 (Erwerbsersatzgesetz), SR 834.1
etc.	et cetera
f.	folgende (Seite)
ff.	folgende (Seiten)
IPRG	Bundesgesetz über das Internationale Privatrecht vom 18. Dezember 1987, SR 291
IVG	Bundesgesetz vom 19. Juni 1959 über die Invalidenversicherung, SR 291
i.V.m.	in Verbindung mit
KOV	Verordnung über die Geschäftsführung der Konkursämter vom 13. Juli 1911, SR 281.32
lit.	litera
LugÜ	Übereinkommen über die gerichtliche Zuständigkeit und die Vollstreckung gerichtlicher Entscheidungen in Zivil- und Handelssachen vom 30. Oktober 2007, SR 0.275.12
MWStG	Bundesgesetz über die Mehrwertsteuer vom 12. Juni 2009 (Mehrwertsteuergesetz), SR 641.20
OR	Bundesgesetz betreffend die Ergänzung des Schweizerischen Zivilgesetzbuches (Fünfter Teil: Obligationenrecht) 30. März 1911, SR 220
SchKG	Bundesgesetz über Schuldbetreibung und Konkurs vom 11. April 1889, SR 281.1

sog.	sogenannt(e/en)
StGB	Schweizerisches Strafgesetzbuch vom 21. Dezember 1937, SR 311.0
UVG	Bundesgesetz über die Unfallversicherung vom 20. März 1981, SR 832.20
vgl.	vergleiche
VZG	Verordnung des Bundesgerichts über die Zwangsverwertung von Grundstücken vom 23. April 1920, SR 281.42
z.B.	zum Beispiel
Ziff.	Ziffer
ZGB	Schweizerisches Zivilgesetzbuch vom 10. Dezember 1907, SR 210
ZPO	Schweizerische Zivilprozessordnung vom 19. Dezember 2008, SR 272

1. Teil: Einführung

§ 1 Gesetzliche Grundlagen

Das Schuldbetreibungs- und Konkursrecht wird in erste Linie durch das Schuldbetreibungs- und Konkursgesetz (SchKG) geregelt. Dieses wird durch eine Vielzahl von Nebenerlassen ergänzt. Wichtig sind vor allem die Verordnung über die Zwangsverwertung von Grundstücken **(VZG)** und die Verordnung über die Geschäftsführung der Konkursämter **(KOV).**

Als Vollstreckungsrecht ist das SchKG **öffentliches Recht.** Von sehr wenigen Ausnahmen abgesehen, können die Parteien die Vorschriften des SchKG nicht rechtsgeschäftlich abändern.

Das Vollstreckungsrecht ist «eingebettet» in das **materielle Recht** (welches Bestand und Umfang der Forderungen und von dinglichen Rechten regelt) und in das **Prozessrecht** (welches den Ablauf von gerichtlichen Verfahren regelt). Zwischen diesen drei Rechtsgebieten bestehen viele Querbezüge.

§ 2 Gegenstand

Das Schuldbetreibungs- und Konkursgesetz (SchKG) regelt die **Zwangsvollstreckung** für **Ansprüche auf Geldleistung** oder Sicherheitsleistung in Geld (Art. 38 Abs. 1 SchKG). Die Vollstreckung für andere Ansprüche (z.B. auf Realerfüllung) richtet sich nach der Zivilprozessordnung (ZPO).

Die **Besonderheit des SchKG** ist, dass jederzeit voraussetzungslos eine Betreibung eingeleitet werden kann. Eine Prüfung der in Betreibung gesetzten Forderung findet nur statt, wenn sich der Schuldner (mit Rechtsvorschlag, vgl. § 14 Ziff. 2) gegen die Betreibung wehrt und der Gläubiger die Betreibung weiterverfolgen will. Wehrt sich der Schuldner nicht, kann der Gläubiger die Zwangsvollstreckung fortführen, ohne dass die Forderung je gerichtlich geprüft wird.

§ 3 Vollstreckungsverfahren im Überblick

Das Gesetz unterscheidet **drei Betreibungsarten: Betreibung auf Pfändung** (Art. 89 ff. SchKG; vgl. § 19 ff.), **Betreibung auf Pfandverwertung** (Art. 151 ff. SchKG; vgl. § 26 ff.) und **Betreibung auf Konkurs** (Art. 159 ff. SchKG; vgl. § 35 ff.). Das Einleitungsverfahren (vgl. § 13 ff.) ist für alle drei Betreibungsarten grundsätzlich dasselbe.

Neben diesen drei Betreibungsarten gibt es noch das **Nachlassverfahren** (Art. 293 ff. SchKG; vgl. § 53 ff.). Für Privatpersonen gibt es die **einvernehmliche private Schuldenbereinigung** (Art. 333 ff. SchKG; vgl. § 58).

Dogmatisch können die Spezialexekution und die Generalexekution unterschieden werden. Bei einer **Spezialexekution** wird nur für einzelne Gläubiger und nur in so viele Vermögenswerte des Schuldners vollstreckt, als notwendig ist, um die in Betreibung gesetzten Forderungen zu decken. Die **Betreibung auf Pfändung** und **Pfandverwertung** gehören zur Spezialexekution.

Bei einer **Generalexekution** werden sämtliche Gläubiger mit einbezogen und es wird in das gesamte Vermögen des Schuldners vollstreckt. Der **Konkurs** und der **Nachlassvertrag mit Vermögensabtretung** (vgl. § 56) gehören zur Generalexekution.

Die Betreibungsverfahren sind über weite Strecken vom **Parteibetrieb** beherrscht, d.h., die Parteien (Gläubiger und Schuldner, allenfalls Dritte) müssen jeweils Begehren stellen, um das Verfahren voranzutreiben. Für viele dieser Begehren gibt es **Formulare,** welche die Parteien benützen können, aber nicht müssen. Für

Handlungen der Betreibungsbehörden sind **Gebühren** zu entrichten. Diese richten sich nach einem Gebührentarif (Art. 16 SchKG; Gebührenverordnung zum SchKG).

Ab einem gewissen Stadium des Verfahrens greift der **Amtsbetrieb** Platz, d.h., die zuständige Behörde (Betreibungs- oder Konkursamt) wickelt das Verfahren von Amtes wegen ab, ohne dass weitere Begehren notwendig sind.

§ 4 Rechtstatsächliches

Das SchKG hat eine **grosse praktische Bedeutung.** Pro Jahr werden rund 2,8 Mio. Zahlungsbefehle ausgestellt, 1,5 Mio. Pfändungen vollzogen, 500'000 bis 600'000 Verwertungen durchgeführt, rund 13'000 bis 14'000 Konkurse eröffnet und 100 bis 200 Nachlassverträge genehmigt. Die jährlichen Verluste zufolge Insolvenz belaufen sich auf über zwei Milliarden CHF. Die sog. Rechtsöffnung (Art. 80 ff. SchKG) dürfte mit geschätzten 13'500 Verfahren pro Jahr der häufigste Prozess in der Schweiz sein.

Bei **Privatpersonen** (natürliche Personen) sind Arbeitslosigkeit (28 %), Scheidung (13 %) und gescheiterte Firmengründungen (10 %) die häufigsten Gründe für Verschuldung und Insolvenz.

Bei **Gesellschaften, welche neu gegründet werden,** besteht in den ersten fünf Jahren ein (stark) erhöhtes Risiko, Konkurs zu gehen.

2. Teil: Allgemeine Bestimmungen

§ 5 Behörden und Zuständigkeiten

Die Zuständigkeit der Behörden hängt eng mit den jeweiligen Verfahren zusammen.

Das **Betreibungsamt** (Art. 1 ff. SchKG) ist zuständig für:

- das Einleitungsverfahren (vgl. § 13 ff.),
- die Betreibung auf Pfändung (vgl. § 19 ff.),
- die Betreibung auf Pfandverwertung (vgl. § 26 ff.),
- die Aufnahme eines Retentionsverzeichnisses (vgl. § 31 ff.),
- den Vollzug eines Arrestes (vgl. § 40 Ziff. 2).

Das **Konkursamt** (Art. 1 ff. SchKG) oder die **ausseramtliche Konkursverwaltung** (vgl. § 37 Ziff. 4 lit. a) sind zuständig für:

- die Abwicklung des Konkursverfahrens nach erfolgter Konkurseröffnung,
- die Abwicklung des «Restverfahrens» nach Einstellung eines Konkurses mangels Aktiven (Art. 230a SchKG),
- die Behandlung eines Nachlassvertrages im Konkursverfahren (Art. 332 SchKG; vgl. § 57).

Der **Sachwalter** ist zuständig für:

- die Abwicklung des Nachlassstundungsverfahrens (Art. 293 ff. SchKG; vgl. § 53 ff.),
- die Überwachung eines ordentlichen Nachlassvertrages (Art. 314 Abs. 2 SchKG; vgl. § 53 Ziff. 3),
- die Unterstützung des Schuldners bei der einvernehmlichen privaten Schuldenbereinigung (Art. 333 ff. SchKG; vgl. § 58).

Die **Liquidatoren** sind zuständig für die Abwicklung eines Nachlassvertrages mit Vermögensabtretung (Art. 319 ff. SchKG; vgl. § 56 Ziff. 2).

Ein **Gläubigerausschuss** nimmt (fakultativ) im Konkurs (Art. 237 Abs. 3 SchKG; vgl. § 37 Ziff. 4 lit. a) und (zwingend) bei einem Nachlassvertrag mit Vermögensabtretung (Art. 318 Abs. 1 Ziff. 2 SchKG; vgl. § 56 Ziff. 1) die kollektiven Interessen der Gläubiger wahr.

Die **Aufsichtsbehörden** (Art. 13 ff. SchKG) sind zuständig für:

- die Geschäftsprüfung und Disziplinarmassnahmen (Art. 14 SchKG),
- die Beurteilung von betreibungsrechtlichen Beschwerden (Art. 17 ff. SchKG; vgl. § 8 Ziff. 2),
- die Feststellung von Nichtigkeit (Art. 22 SchKG; vgl. § 8 Ziff. 3).

Der **Richter** ist zuständig für:

- Forderungsklagen (Art. 79 SchKG; vgl. § 15 Ziff. 1),
- die Rechtsöffnung (Art. 80 ff. SchKG; vgl. § 15 Ziff. 4),
- die Konkurseröffnung (Art. 171 SchKG),
- die Bewilligung der Nachlassstundung (Art. 294 SchKG) und Genehmigung eines Nachlassvertrages (Art. 306 SchKG) sowie dessen Widerruf (Art. 295 Abs. 5, Art. 298 Abs. 3, Art. 313, Art. 316 SchKG),
- die Bewilligung des Arrestes (Art. 272 SchKG),
- eine Vielzahl sonstiger strittiger Fragen im Zusammenhang mit einer Zwangsvollstreckung (z.B. Widerspruchs-, Aussonderungs- oder Kollokationsprozesse).

§ 6 Haftung

Erleidet eine Person infolge einer widerrechtlichen Handlung eines Vollstreckungsorgans in Erfüllung einer gesetzlichen Aufgabe einen Schaden, so gilt eine **ausschliessliche Haftung des Kantons** (Art. 5 Abs. 1 und 2 SchKG). Als Vollstreckungsorgan gelten die Betreibungs- und Konkursbeamten, die Konkursverwaltung, der Sachwalter, die Liquidatoren, die Aufsichts- und Gerichtsbehörden (Art. 5 Abs. 1 SchKG). Eine Haftung ist **ultima ratio.** Ein Geschädigter muss primär gegen nachteilige Verfügungen betreibungsrechtliche Beschwerde führen, bevor er einen Anspruch aus Staatshaftung erheben kann.

Der **Kanton** kann auf die fehlbare Person **Rückgriff** nehmen (Art. 5 Abs. 4 SchKG). Der Geschädigte kann den Beamten selbst nicht belangen. Der Anspruch verjährt innert eines Jahres (Art. 6 SchKG).

Rechtstatsächliches: Haftungsklagen sind in der Praxis selten.

§ 7 Einsichtsrecht in Protokolle und Register

Die Betreibungs- und Konkursämter führen über ihre Amtstätigkeit **Protokolle und Register** (Art. 8 Abs. 1 SchKG). Fehlerhafte Einträge können auf Antrag oder von Amtes wegen berichtigt werden (Art. 8 Abs. 2 SchKG).

Der Berechtigte kann namentlich einen **Betreibungsregisterauszug** verlangen. Er kann aber auch Einsicht in die **sonstigen Akten** verlangen. In Bezug auf die **eigene Person** besteht ein zeitlich und sachlich unbeschränktes Einsichtsrecht.

In Bezug auf eine **andere Person** ist das Einsichtsrecht zeitlich auf fünf Jahre beschränkt (Art. 8a Abs. 4 SchKG). Zudem muss in sachlicher Hinsicht ein **Interesse glaubhaft** gemacht werden. Dazu genügt, wenn das Gesuch in unmittelbarem Zusammenhang mit dem Abschluss oder der Abwicklung eines Vertrages steht (Art. 8a Abs. 2 SchKG) oder wenn im Vorfeld einer Zwangsvollstreckung der Bestand einer Forderung glaubhaft gemacht ist.

Von einer Betreibung wird Dritten **keine Kenntnis gegeben,** wenn die Betreibung nichtig (Art. 22 SchKG; vgl. § 8 Ziff. 3) oder auf Beschwerde hin aufgehoben worden ist (Art. 17 SchKG; vgl. § 8 Ziff. 2), der Schuldner mit einer Rückforderungsklage obsiegt hat (vgl. § 17) oder der Gläubiger die Betreibung zurückgezogen hat (Art. 8a Abs. 3 SchKG). Wenn der **Betriebene über sich selbst** einen Betreibungsauszug verlangt, erscheinen solche Betreibungen jedoch im Auszug. Ansonsten muss negative Feststellungsklage bei Gericht geführt (was ein Feststellungsinteresse voraussetzt) und die Löschung der Betreibung verlangt werden.

Insofern geben Betreibungsregisterauszüge nicht den effektiven Stand der erfolgten Zwangsvollstreckungsverfahren wieder. Dies gilt namentlich, wenn der Schuldner bezahlt hat und der Gläubiger deshalb die Betreibung zurückgezogen hat.

§ 8 Rechtsmittel

Im Betreibungsrecht findet ein Zusammenspiel von Betreibungsbehörden und Gerichten statt (vgl. § 5). Die betroffenen Parteien (Gläubiger, Schuldner, Dritte) können sich auf verschiedene Weise zur Wehr setzen.

1. Gerichtliche Klage

Nur wo das **Gesetz** eine gerichtliche Klage **vorsieht,** kann bzw. muss eine solche geführt werden. Gerichtliche Entscheide können im jeweiligen Rechtsmittelverfahren beim übergeordneten

Gericht angefochten werden. Das gerichtliche Verfahren und die Rechtsmittel richten sich nach der Zivilprozessordnung (ZPO). Vor Bundesgericht kommt das Bundesgerichtsgesetz (BGG) zur Anwendung.

2. Betreibungsrechtliche Beschwerde an die Aufsichtsbehörden

Verfügungen von Betreibungsbehörden können mit betreibungsrechtlicher **Beschwerde** an die kantonale Aufsichtsbehörde angefochten werden (Art. 17 Abs. 1 SchKG). Die Beschwerde muss (Ausnahmefälle vorbehalten; Art. 20, Art. 239 Abs. 1 SchKG) **innert zehn Tagen** geführt werden. Gerügt werden kann **Gesetzesverletzung, Unangemessenheit,** Rechtsverweigerung und Rechtsverzögerung (Art. 17 Abs. 1 und 2 SchKG).

Wo der Kanton zwei kantonale Aufsichtsinstanzen vorsieht (Art. 13 SchKG), kann der Entscheid einer unteren **Aufsichtsbehörde** an die **obere** weitergezogen werden. Es gelten dieselben Grundsätze wie im erstinstanzlichen Beschwerdeverfahren (Art. 18 SchKG). Gegen den Entscheid der oberen kantonalen Aufsichtsbehörde kann Beschwerde in Zivilsachen **ans Bundesgericht** geführt werden (Art. 72 BGG). Vor Bundesgericht kann nur noch Gesetzesverletzung, nicht aber Unangemessenheit gerügt werden.

Die Beschwerde hat **von Gesetzes wegen keine aufschiebende Wirkung** (Art. 36 SchKG). Wer Beschwerde führt, sollte deshalb bei der Aufsichtsbehörde in aller Regel beantragen, dass der Beschwerde aufschiebende Wirkung erteilt wird.

Die Aufsichtsbehörde stellt den Sachverhalt von Amtes wegen fest (Art. 20a Abs. 2 Ziff. 2 SchKG). Das kantonale Beschwerdeverfahren ist **kostenlos.** Bei böswilliger oder mutwilliger Beschwerdeführung können einer Partei aber bis zu CHF 1'500 Busse auferlegt werden (Art. 20a Abs. 2 Ziff. 5 SchKG). Vor Bundesgericht gilt die Kostenlosigkeit des Verfahrens nicht mehr.

Rechtstatsächliches: In der Praxis sind betreibungsrechtliche Beschwerden relativ häufig. Dies hat auch damit zu tun, dass die Verfahren kostenlos sind.

3. Nichtige Verfügungen (Art. 22 SchKG)

Bei schwerwiegenden Gesetzesverletzungen gelten Verfügungen als **nichtig.** Dies ist der Fall, wenn Vorschriften verletzt sind, die im öffentlichen Interesse oder im Interesse von am Verfahren (noch) nicht beteiligten Personen erlassen worden sind (Art. 22 Abs. 1 SchKG). Im Vergleich mit anderen Rechtsgebieten kommt im SchKG Nichtigkeit **relativ häufig** vor.

Die Aufsichtsbehörde stellt Nichtigkeit **von Amtes wegen** fest (Art. 22 Abs. 1 SchKG). Dies geschieht ausserhalb eines Beschwerdeverfahrens, so dass weder die Legitimation des Anzeigers geprüft wird noch die Beschwerdefrist eingehalten werden muss. Im Zweifel sollte fristgemäss Beschwerde geführt werden.

Das Amt kann eine nichtige Verfügung auch von sich aus abändern. Wenn vor den Aufsichtsbehörden bereits ein Verfahren betreffend Nichtigkeit hängig ist, kann das Amt die Verfügung so lange abändern, als sie ihre Vernehmlassung an die Aufsichtsbehörde noch nicht erstattet hat (Art. 22 Abs. 2 SchKG). Nachher tritt der volle Devolutiveffekt ein.

§ 9 Fristen

Da das SchKG Verfahrensrecht ist, sieht es eine Vielzahl von Fristen vor. Diese betreffen die Verfahrensbeteiligten (Gläubiger, Schuldner, Dritte) oder die Behörden. Der Einhaltung der Fristen ist **grosse Beachtung** zu schenken.

Für die **Berechnung,** die **Einhaltung** und den **Lauf** der Fristen kommen die Bestimmungen der ZPO zur Anwendung, soweit das SchKG nichts anderes bestimmt (Art. 31 SchKG; Art. 142 ff. ZPO).

Eine Frist wird **gewahrt,** wenn Eingaben spätestens am letzten Tag der Frist bei der Behörde eingereicht werden oder der schweizerischen Post übergeben werden (Art. 143 Abs. 1 ZPO). Sie ist auch dann gewahrt, wenn vor ihrem Ablauf ein unzuständiges Betreibungs- oder Konkursamt (nicht aber ein Gericht) angerufen wird. Dieses überweist die Eingabe unverzüglich dem zuständigen Amt (Art. 32 Abs. 2 SchKG).

Für Betreibungshandlungen gelten **Betreibungsferien** und **Rechtsstillstand** (Art. 56 ff. SchKG; vgl. § 11).

Wer eine Frist durch ein **unverschuldetes Hindernis** verpasst hat, kann deren **Wiederherstellung** beantragen. Dafür muss er innerhalb derselben Frist (die er verpasst hat) nach Wegfall des Hindernisses **zweierlei** tun, und zwar parallel: Zum einen muss er bei der zuständigen Behörde (Aufsichtsbehörde oder Gericht – je nachdem, was für eine Frist verpasst worden ist) ein Gesuch um Fristwiederherstellung stellen. Zum anderen muss er bei der jeweiligen Behörde die versäumte Rechtshandlung nachholen (Art. 33 Abs. 4 SchKG; Art. 148 ZPO).

§ 10 Betreibungsort

So wie nur bei Vorliegen eines Gerichtsstandes Klage geführt werden kann, so kann nur betrieben werden, wenn ein Betreibungsort (in der Schweiz) gegeben ist.

Ordentlicher Betreibungsort ist der **Wohnsitz** (bei natürlichen Personen) bzw. der **Sitz** bei juristischen Personen (Art. 46 Abs. 1 und 2 SchKG).

Die **Erbschaft** kann, solange die Teilung nicht erfolgt ist, eine vertragliche Gemeinschaft nicht gebildet oder eine amtliche Liquidation nicht angeordnet worden ist, am Ort betrieben werden, wo der Erblasser im Todeszeitpunkt betrieben werden konnte (Art. 49 SchKG). Dass eine Erbschaft überhaupt betrieben werden kann (vgl. auch Art. 65 Abs. 3 SchKG), ist insofern überraschend, als einer Erbschaft zivilrechtlich keine Rechtspersönlichkeit zukommt.

Schuldner mit Sitz/Wohnsitz im Ausland können in der Schweiz am **Ort einer Geschäftsniederlassung** betrieben werden; dies aber nur für auf Rechnung der Geschäftsniederlassung eingegangene Verbindlichkeiten (Art. 50 Abs. 1 SchKG). Ausländische Schuldner können auch ein (in der Regel vertraglich vereinbartes) **Spezialdomizil** wählen, an welchem Ort sie betrieben werden können (Art. 50 Abs. 2 SchKG).

Für **pfandgesicherte Forderungen** kann (alternativ zum ordentlichen Betreibungsort) auch am Lageort des Pfandobjektes betrieben werden (Art. 51 SchKG).

Wurde für eine Forderung vorgängig **Arrest** gelegt (Art. 271 ff. SchKG; vgl. § 38 ff.), so kann nachfolgend die Betreibung auch am Lageort des Arrestobjektes eingeleitet werden (Art. 52 SchKG). Damit besteht gegen Schuldner mit Sitz/Wohnsitz im Ausland nach Arrestlegung die Möglichkeit, in der Schweiz Betreibung einzuleiten.

§ 11 Geschlossene Zeiten, Betreibungsferien und Rechtsstillstand

Zum Schutz des Schuldners dürfen während gewissen Zeiten keine **Betreibungshandlungen** vorgenommen werden, und zwar (Art. 56 SchKG):

- zwischen 20 Uhr und 7 Uhr sowie an Sonntagen und staatlich anerkannten Feiertagen (sog. **geschlossene Zeiten**),
- während der **Betreibungsferien** (sieben Tage vor und sieben Tage nach Ostern und Weihnachten sowie vom 15. bis zum 31. Juli); in der **Wechselbetreibung** (vgl. § 36 Ziff. 2) gelten die Betreibungsferien nicht,
- gegen einem Schuldner, dem der **Rechtsstillstand** gewährt worden ist.

Rechtsstillstand gilt:

- für Schuldner, die sich im Militär-, Zivil- oder Schutzdienst befinden (Art. 57 SchKG),
- für Schuldner, dessen Ehegatte, eingetragener Partner, Verwandte oder Verschwägerte in gerader Linie oder dessen Hausgenosse gestorben ist: vom Todestag während zweier Wochen (Art. 58 SchKG),
- in der Betreibung für Erbschaftsschulden (Art. 59 SchKG),
- wegen Verhaftung (Art. 60 SchKG),
- wegen schwerer Erkrankung (Art. 61 SchKG),
- bei Epidemien oder Landesunglück (Art. 62 SchKG).

Betreibungsferien und Rechtsstillstand hemmen den Fristenlauf nicht, so dass die Frist weiterläuft. Fällt jedoch das Ende einer Frist in die Betreibungsferien oder den Rechtsstillstand, so wird die **Frist** bis zum dritten Tag nach deren Ende **verlängert**; Wochenenden und Feiertag werden dabei nicht mitgezählt (Art. 63 SchKG).

§ 12 Zustellung von Betreibungsurkunden

Im Lauf eines Betreibungsverfahrens gibt es verschiedene Betreibungsurkunden, welche dem Schuldner zugestellt werden müssen: **An natürliche Personen** findet die Zustellung **in der Wohnung** des Schuldners oder **am Arbeitsort** statt. Wird er dort nicht angetroffen, kann die Zustellung an eine zu seinem Haushalt gehörende erwachsene Person oder am Arbeitsort an einen Angestellten geschehen (Art. 64 Abs. 1 SchKG).

Bei juristischen Personen findet die Zustellung an einen Vertreter statt. Als solcher gilt ein **Mitglied der Verwaltung** und jeder **Direktor** oder **Prokurist.** Bei einer Kollektiv- oder Kommanditgesellschaft kann die Zustellung an jeden zur Vertretung befugten Gesellschafter oder Prokuristen erfolgen (Art. 65 Abs. 1 SchKG). Hilfsweise kann die Zustellung auch an einen Angestellten erfolgen (Art. 65 Abs. 2 SchKG).

Wohnt der Schuldner im Ausland, so erfolgt die Zustellung durch Vermittlung der dortigen Behörden. Sie kann auch per Post erfolgen, wenn völkerrechtliche Verträge dies vorsehen oder wenn der Empfängerstaat dem zustimmt (Art. 66 Abs. 3 SchKG).

Die effektive Zustellung wird (als fiktive Zustellung) durch **öffentliche Bekanntmachung** ersetzt, wenn der Wohnort des Schuldners unbekannt ist, der Schuldner sich beharrlich der Zustellung entzieht oder der Schuldner im Ausland wohnt und eine rechtshilfeweise Zustellung nicht innert angemessener Frist möglich ist (Art. 66 Abs. 4 SchKG).

3. Teil: Einleitungsverfahren

Zu Beginn jeder Betreibung steht das Einleitungsverfahren. Dies gilt unabhängig davon, ob die Betreibung auf Pfändung, Pfandverwertung oder Konkurs geht.

Wenn **Betreibung auf Pfandverwertung** geführt wird, dann ist dies somit schon ganz zu Beginn aufgrund des Betreibungsbegehrens des Gläubigers (und nachfolgend des Zahlungsbefehls) erkennbar (vgl. § 13). Ob die Betreibung dagegen **auf Pfändung oder Konkurs** geht, entscheidet das Betreibungsamt erst nach Abschluss des Einleitungsverfahrens, nachdem der Gläubiger das Fortsetzungsbegehren gestellt hat (Art. 89 Abs. 1, Art. 159 SchKG).

Grafik 1 gibt einen Überblick über den Ablauf des Einleitungsverfahrens.

§ 13 Betreibungsbegehren

Jede Betreibung beginnt mit dem Betreibungsbegehren des **Gläubigers.** Das Betreibungsbegehren kann mündlich oder schriftlich **beim Betreibungsamt** am Ort der Betreibung (vgl. § 10) gestellt werden.

Praktischer Hinweis: Unter www.betreibungsschalter.ch können Betreibungsbegehren online generiert werden.

Das Betreibungsbegehren muss folgende **Angaben** enthalten (Art. 67 Abs. 1 SchKG):

- Personalien des Gläubigers,
- Personalien des Schuldners,
- **Forderungssumme in Schweizer Franken** und Zinsforderung; Fremdwährungsforderungen müssen in Schweizer Fran-

ken umgerechnet werden; Betreibungen für Fremdwährungsforderungen ohne Umrechnung sind nichtig (Art. 22 SchKG; vgl. § 8 Ziff. 3). Der Gläubiger kann im Fortsetzungsbegehren eine Fremdwährungsforderung **erneut** in Schweizer Franken umrechnen (Art. 88 Abs. 4 SchKG; vgl. § 18). Dies wird er dann tun, wenn sich in der Zwischenzeit der Wechselkurs zu seinen Gunsten verändert hat,

- Forderungsurkunde und Datum oder Grund der Forderung; dies dient dazu, dass der Schuldner beurteilen kann, für welche Forderung er betrieben wird, damit er entscheiden kann, ob er Rechtsvorschlag erheben will.

Betreibt der Gläubiger für eine **pfandgesicherte Forderung,** so muss er zusätzlich folgende Angaben machen (Art. 67 Abs. 2, Art. 151 SchKG):

- Bezeichnung des Pfandobjekts,
- Name eines allfälligen Drittpfandeigentümers (dieser wird zur mitbetriebenen Partei; Art. 153 Abs. 2 SchKG; vgl. § 25 Ziff. 2),
- die Verwendung des verpfändeten Grundstücks als Familienwohnung des Schuldners oder des Drittpfandeigentümers oder als gemeinsame Wohnung (diese Personen werden dann zur mitbetriebenen Partei; Art. 153 Abs. 2 SchKG; vgl. § 25 Ziff. 2).

Der Schuldner trägt die **Betreibungskosten.** Der Gläubiger muss diese aber vorschiessen. Er ist deshalb berechtigt, von Zahlungen des Schuldners die Betreibungskosten vorab in Abzug zu bringen (Art. 68 SchKG).

Rechtstatsächliches: Ein wesentlicher Teil der Betreibungen geht von der öffentlichen Hand (vor allem für Steuerforderungen) aus (ca. 15 % bis 20 %). Unter den privaten Gläubigern sind die Versicherungen und Banken die häufigsten Gläubiger.

§ 14 Zahlungsbefehl und Rechtsvorschlag

1. Zahlungsbefehl

Der Betreibungsbeamte prüft die im Betreibungsbegehren geltend gemachte Forderung nicht; er ist kein Richter. Er prüft einzig, ob die Angaben im Betreibungsbegehren vollständig sind. In diesem Fall erlässt er nach Empfang des Betreibungsbegehrens einen Zahlungsbefehl (Art. 69 Abs. 1 SchKG). Dabei handelt es sich um eine **amtliche Zahlungsaufforderung** an den Schuldner. Sie enthält (Art. 69 Abs. 2 SchKG):

- die Angaben des Betreibungsbegehrens (vgl. § 13),
- die amtliche Aufforderung, **innert 20 Tagen zu zahlen;** erst mit Ablauf der Zahlungsfrist kann der Gläubiger das Fortsetzungsbegehren stellen (Art. 88 Abs. 1 SchKG; vgl. § 16),
- die Mitteilung, dass der Schuldner, welcher die Forderung bestreiten will, **innerhalb von zehn Tagen Rechtsvorschlag zu erheben** hat (vgl. unten Ziff. 2),
- die Androhung, dass die Betreibung ihren Fortgang nimmt, wenn der Schuldner weder zahlt noch Rechtsvorschlag erhebt.

Der Zahlungsbefehl wird dem Schuldner vom Betreibungsamt oder durch die Post zugestellt (Art. 71 Abs. 1, Art. 72 Abs. 1 SchKG).

Der Schuldner kann verlangen, dass das Betreibungsamt den **Gläubiger** auffordert, während der Bestreitungsfrist die **Beweismittel** in Bezug auf die von ihm in Betreibung gesetzte Forderung **vorzulegen** (Art. 73 Abs. 1 SchKG). Kommt der Gläubiger dieser Aufforderung nicht nach und unterliegt der Schuldner später in einem Forderungsprozess, so berücksichtig dies der Richter bei Festsetzung der Prozesskosten (Art. 73 Abs. 2 SchKG).

Der Zahlungsbefehl bleibt **ein Jahr** ab Zustellung **gültig.** Danach erlischt er. Erhebt der Schuldner Rechtsvorschlag, steht diese Frist zwischen der Einleitung und der Erledigung eines dadurch veranlassten Gerichtsverfahrens still (Art. 88 Abs. 2 SchKG). Innert der Jahresfrist muss der Gläubiger das Fortsetzungsbegehren stellen (Art. 88 Abs. 1 SchKG).

Rechtstatsächliches: Pro Jahr werden rund 2,8 Mio. Zahlungsbefehle erlassen. Betreibung ist somit ein Massengeschäft. Rund 60% der Betreibungen dürften solche gegen Konsumenten betreffen.

2. Rechtsvorschlag

Der Schuldner kann sofort bei Übergabe oder **innert zehn Tagen** nach Zustellung Rechtsvorschlag **beim Betreibungsamt** erheben. Er kann dies **mündlich oder schriftlich** tun (Art. 74 Abs. 1 SchKG). Aus Beweisgründen ist dringend zu empfehlen, schriftlich mit eingeschriebenem Brief Rechtsvorschlag zu erklären. Der Schuldner kann verlangen, dass ihm die Erhebung des Rechtsvorschlags gebührenfrei bescheinigt wird (Art. 74 Abs. 3 SchKG). Dem Schuldner ist zu empfehlen, dies zu verlangen.

In der Sache beschlägt der Rechtsvorschlag materiellrechtliche Fragen, nämlich **Bestand, Umfang und Fälligkeit der Forderung,** Bestand und Umfang eines behaupteten Pfandrechts oder die Zulässigkeit der Betreibung.

So voraussetzungslos der Gläubiger betreiben kann, so voraussetzungslos kann der Schuldner Rechtsvorschlag erheben. Er muss deshalb seinen Rechtsvorschlag in der Regel nicht begründen (Art. 75 Abs. 1 SchKG). In drei Fällen muss der Schuldner jedoch eine **Begründung** (Spezifizierung) anbringen, ansonsten der Rechtsvorschlag unbeachtlich ist:

- wenn er (in der Betreibung für eine Konkursverlustscheinforderung) bestreiten will, seither zu sog. neuem Vermögen gekommen zu sein (Art. 75 Abs. 2, Art. 265a Abs. 1 SchKG; vgl. § 37 Ziff. 10 lit. b),

- bei einem nachträglichen Rechtsvorschlag zufolge Gläubigerwechsel (Art. 75 Abs. 2, Art. 77 Abs. 2 SchKG),
- in der Wechselbetreibung (Art. 75 Abs. 3, Art. 179 Abs. 1 SchKG; vgl. § 35 Ziff. 2).

Will der Schuldner **Verfahrensfehler** im Zusammenhang mit dem Zahlungsbefehl rügen, so muss er dies mit **betreibungsrechtlicher Beschwerde** an die Aufsichtsbehörde tun (Art. 17 SchKG; vgl. § 8 Ziff. 2). Dies gilt etwa, wenn er für eine pfandgesicherte Forderung nicht auf Pfandverwertung, sondern auf Pfändung oder Konkurs betrieben wird (vgl. § 24 Ziff. 3).

Will der Schuldner die Forderung (oder das Pfand) bestreiten und Verfahrensfehler rügen, muss er **gleichzeitig** sowohl Rechtsvorschlag erheben als auch betreibungsrechtliche Beschwerde führen. Die beiden Vorgehensweisen beschlagen verschiedene Einwendungen des Schuldners und ergänzen sich deshalb.

Der Inhalt des Rechtsvorschlags wird auf dem Zahlungsbefehl vorgemerkt; ebenso wenn kein Rechtsvorschlag erhoben worden ist (Art. 76 Abs. 1 SchKG). Dem Gläubiger wird eine Ausfertigung des Zahlungsbefehls zugestellt (Art. 76 Abs. 2 SchKG). Damit weiss der Gläubiger, ob der Schuldner Rechtsvorschlag erhoben hat oder nicht. Dies ist für den Fortgang des Verfahrens von entscheidender Bedeutung (vgl. **Grafik 1**). Erhebt der Schuldner keinen Rechtsvorschlag, so kann die Betreibung fortgesetzt werden, ohne dass ein Richter über Bestand und Umfang der in Betreibung gesetzten Forderung entscheiden muss.

Der **Rechtsvorschlag bewirkt die Einstellung der Betreibung** (Art. 78 Abs. 1 SchKG). Damit muss der Gläubiger wieder tätig werden.

Rechtstatsächliches: Nach einer Untersuchung wird nur in rund 12 % aller Betreibungen Rechtsvorschlag erhoben. In rund 35 % aller Fälle zahlt der Schuldner nach Erlass des Zahlungsbefehls, ohne dass weitere Handlungen notwendig sind, so dass dem Zahlungsbefehl eine sehr wesentliche faktische Wirkung zukommt.

§ 15 Beseitigung des Rechtsvorschlags

Wenn der Schuldner Rechtsvorschlag erhoben hat, kann die Betreibung nur und erst fortgesetzt werden, wenn der Rechtsvorschlag entfallen bzw. beseitigt worden ist. Dies kann auf verschiedene Weise erfolgen (vgl. auch **Grafik 1**):

- durch **Rückzug des Rechtsvorschlags** durch den Schuldner,
- durch Beseitigung des Rechtsvorschlags durch den Richter im **ordentlichen Zivilprozess** (sog. **Anerkennungsklage;** Art. 79 SchKG; vgl. unten Ziff. 1),
- durch sog. **provisorische Rechtsöffnung** (Art. 82 f. SchKG; vgl. unten Ziff. 2),
- durch sog. **definitive Rechtsöffnung** (Art. 80 f. SchKG; vgl. unten Ziff. 3).

1. Ordentlicher Prozess (sog. Anerkennungsklage)

Verfügt der Gläubiger weder über einen provisorischen noch einen definitiven Rechtsöffnungstitel, so kann er den Rechtsvorschlag nur im ordentlichen Zivilprozess beseitigen. Dies ist der (mit Abstand) aufwendigste Weg für den Gläubiger, um den Rechtsvorschlag zu beseitigen.

Im Entscheid (Dispositiv) wird der Schuldner zur Zahlung an den Gläubiger verpflichtet. Dies ist eine normale Leistungsklage. Als **materiellrechtlicher Klage** kommt der Anerkennungsklage – was Bestand und Umfang der Forderung angeht – **volle materielle Rechtskraft** zu. Zudem muss der Rechtsvorschlag im Entscheid ausdrücklich beseitigt werden (Art. 79 SchKG). Wird nur die Klage gutgeheissen, ohne den Rechtsvorschlag zu beseitigen, muss der Gläubiger gestützt auf den Entscheid nachfolgend noch definitive Rechtsöffnung verlangen.

Gegen den Anerkennungsentscheid kann **ein Rechtsmittel gemäss ZPO** ergriffen werden.

2. Provisorische Rechtsöffnung und Aberkennungsklage

a) Provisorische Rechtsöffnung

Rechtsöffnung meint, dass der Gläubiger den Rechtsweg öffnet, so dass er die Betreibung fortsetzen kann. Die Rechtsöffnung ist nur eine provisorische, weil der Schuldner mit einer Aberkennungsklage noch verhindern kann, dass der Gläubiger die Betreibung fortsetzen kann (vgl. unten lit. b).

Verfügt der Gläubiger über einen provisorischen Rechtsöffnungstitel, so kann er provisorische Rechtsöffnung verlangen. **Provisorische Rechtsöffnungstitel** sind:

- eine **durch Unterschrift des Schuldners bekräftigte Schuldanerkennung** (Art. 82 Abs. 1 SchKG); die Schuldanerkennung muss vorbehaltlos erfolgt sein; Verträge oder (aussergerichtliche) Vergleichsvereinbarungen können (wenn sie entsprechend abgefasst sind) unterschriftliche Schuldanerkennungen sein,
- ein definitiver Pfändungsverlustschein (Art. 115 Abs. 1, Art. 149 Abs. 2 SchKG),

- ein Konkursverlustschein, **sofern** der Schuldner die Forderung anerkannt hat (Art. 265 Abs. 1 SchKG).

Der Schuldner kann **sämtliche Einwendungen** gegen die Schuldanerkennung vorbringen. Er muss diese **sofort glaubhaft machen** (Art. 82 Abs. 2 SchKG); dies bedeutet, dass die Darlegung für den Richter plausibel und nachvollziehbar sein muss. Ein strikter Beweis ist nicht erforderlich.

Erteilt der Richter provisorische Rechtsöffnung, kann der Gläubiger **provisorische Pfändung** (vgl. § 24 Ziff. 1) oder die Aufnahme eines **Güterverzeichnisses** (vgl. § 35 Ziff. 1 lit. c) verlangen (Art. 83 Abs. 1 SchKG). Erhebt der Schuldner keine sog. Aberkennungsklage (vgl. unten lit. b), so wird die Rechtsöffnung nach 20 Tagen definitiv (Art. 83 Abs. 3 SchKG); der Rechtsvorschlag ist in diesem Fall definitiv beseitigt. Der Gläubiger kann die Betreibung mit dem Fortsetzungsbegehren (Art. 88 SchKG) weiterführen (vgl. § 18).

Rechtstatsächliches: Pro Jahr gibt es rund 13'500 Verfahren betreffend provisorischer Rechtsöffnung. Davon werden rund 50 % (zumindest teilweise) gutgeheissen. Die häufigsten Rechtsöffnungstitel sind Miet-, Leasing-, Darlehens- und Kaufverträge. Ein erstinstanzliches Verfahren dauert in der Regel zwischen 6 und 8 Wochen.

b) Aberkennungsklage

Der Schuldner kann **innert 20 Tagen** nach erteilter provisorischer Rechtsöffnung beim Richter am Betreibungsort **Aberkennungsklage** (vgl. den terminologischen Unterschied zu Anerkennungsklage des Gläubiger; vgl. Ziff. 1 oben) gegen den Gläubiger führen (Art. 83 Abs. 2 SchKG). Er verlangt die Feststellung, dass die in Betreibung gesetzte Forderung nicht besteht. Es handelt sich damit um eine **negative Feststellungsklage.** Als **materiellrechtlicher Klage** kommt ihr **volle materielle Rechtskraft** zu. Der Gläubiger kann während der Dauer des Prozesses die Betreibung nicht fortsetzen; die Rechtsöffnung bleibt (vorerst) nur provisorisch.

Wird die Aberkennungsklage (des Schuldners) abgewiesen, wird die Rechtsöffnung definitiv und der Gläubiger kann die Betreibung mit dem Fortsetzungsbegehren weiterführen (vgl. § 18). Wird die Klage gutgeheissen, fällt die Betreibung dahin. Gleichzeitig ist rechtsverbindlich (auch für zukünftige Betreibungen) festgestellt, dass die Forderung nicht besteht.

Rechtstatsächliches: Nur in rund 10 % der Fälle, in welchen provisorische Rechtsöffnung erteilt wird, führt der Schuldner Aberkennungsklage. In den übrigen Fällen wird die provisorische Rechtsöffnung durch Zeitablauf automatisch definitiv. Damit kann vollstreckt werden, ohne dass ein Gericht Bestand und Umfang der in Betreibung gesetzten Forderung überprüft hat.

3. Definitive Rechtsöffnung

Rechtsöffnung meint, dass der Gläubiger den Rechtsweg öffnet, so dass er die Betreibung fortsetzen kann. Die Rechtsöffnung ist definitiv, weil der Rechtsvorschlag aufgehoben wird (Art. 80 Abs. 1 SchKG), so dass der Gläubiger die Betreibung mit dem Fortsetzungsbegehren weiterführen kann (vgl. § 18).

a) Definitive Rechtsöffnungstitel

Folgende Urkunden qualifizieren als definitive Rechtsöffnungstitel (Art. 80 SchKG):

- vollstreckbare gerichtliche **Entscheide,**
- vollstreckbare **öffentliche Urkunden** gemäss ZPO (Art. 347 ff. ZPO),
- gerichtliche **Vergleiche** und gerichtliche Schuldanerkennungen,

- **Verfügungen** und Entscheide von Verwaltungsbehörden
- in- und ausländische **Schiedssprüche**.

b) Einreden und Einwendungen des Schuldners

Die zulässigen Einreden und Einwendungen des Schuldners hängen von der Art des Rechtsoffnungstitels ab.

Beruht die Forderung auf einem vollstreckbaren **Entscheid** (Urteil) eines schweizerischen Gerichts oder einer schweizerischen Verwaltungsbehörde, so wird die Rechtsöffnung erteilt. Der Schuldner kann nur vorbringen, dass die Schuld seit Erlass des Entscheids **getilgt** oder **gestundet** worden sei oder die **Forderung verjährt** sei. Er muss dies aber **sofort mit Urkunden beweisen** (Art. 81 Abs. 1 SchKG).

Beruht die Forderung auf einer **vollstreckbaren öffentlichen Urkunde**, kann der Schuldner weitere Einwendungen gegen die Leistungspflicht geltend machen, sofern diese Einwendungen sofort beweisbar sind (Art. 81 Abs. 2 SchKG).

Beruht die Forderung auf einem **Entscheid eines ausländischen Staates**, so kann der Schuldner überdies Einwendungen geltend machen, die im betreffenden Staatsvertrag oder, wenn ein solcher fehlt, im IPRG vorgesehen sind (Art. 81 Abs. 3 SchKG).

Rechtstatsächliches: Pro Jahr gibt es rund 13'000 bis 15'000 Verfahren betreffend definitiver Rechtsöffnung.

4. Gemeinsamkeiten der provisorischen und definitiven Rechtsöffnung

Für die (provisorische oder definitive) Rechtsöffnung ist der **Richter** am Betreibungsort (vgl. § 10) zuständig (Art. 84 Abs. 1 SchKG). Es findet das **summarische Verfahren** Anwendung (Art. 251 lit. a ZPO). Der Schuldner kann zum Begehren mündlich oder schriftlich Stellung nehmen (Art. 84 Abs. 2 SchKG). Dabei kann er Vorbringen gegen den Rechtsöffnungstitel erheben und die zulässigen Einwendungen und Einreden vorbringen.

Bei der (provisorischen oder definitiven) Rechtsöffnung geht es nicht (unmittelbar) um Bestand und Umfang der Forderung (was eine materiellrechtliche Frage ist), sondern um die **vollstreckungsrechtliche Frage**, ob ein **tauglicher Rechtsöffnungstitel** vorliegt.

Wird die (provisorische oder definitive) Rechtsöffnung abgewiesen, kann der Gläubiger diese Betreibung nicht weiterführen. Er kann aber jederzeit eine neue Betreibung einleiten und seine Forderung auf denselben (provisorischen oder definitiven) Rechtsöffnungstitel stützen. Die **Rechtskraft** von Rechtsöffnungsentscheiden **ist auf die hängige Betreibung beschränkt**.

Rechtstatsächliches: Die (provisorische und definitive) Rechtsöffnung ist wohl die häufigste Prozessart in der Schweiz.

§ 16 Aufhebung oder Einstellung der Betreibung (Art. 85/85a SchKG)

Durch Rechtsvorschlag kann der Schuldner eine Betreibung einfach stoppen. Wenn er dies unterlässt, läuft er Gefahr, dass die Zwangsvollstreckung weiterläuft, obschon die in Betreibung gesetzte Forderung zivilrechtlich nicht besteht. Aus zivilrechtlichen Gründen kann eine Betreibung durch **Klage bei Gericht** auf zwei Arten aufgehoben oder zumindest eingestellt werden.

1. Im summarischen Verfahren (Art. 85 SchKG)

Wenn der Schuldner **durch Urkunden** beweist, dass die Schuld samt Zinsen und Kosten getilgt oder gestundet ist, dann kann er jederzeit die Aufhebung (bei **Tilgung)** bzw. Einstellung (bei **Stundung)** der Betreibung verlangen. Der Entscheid ergeht **im summarischen Verfahren** (Art. 251 lit. c ZPO).

2. Im ordentlichen oder vereinfachten Verfahren (Art. 85a SchKG)

Verfügt der Schuldner nicht über Urkunden, so kann er trotzdem **jederzeit negative Feststellungsklage** führen, dass die in Betreibung gesetzte Schuld nicht (mehr) besteht oder gestundet ist (Abs. 1). Heisst das Gericht die Klage gut, so hebt es im Endentscheid die Betreibung auf (bei Tilgung) bzw. stellt diese ein (bei Stundung; Abs. 3). Je nach Streitwert wird der Prozess im ordentlichen oder vereinfachten Verfahren geführt (Art. 243 ZPO).

Bis zum Endentscheid des Gerichts, was einige Zeit dauern kann, läuft die Betreibung aber weiter. Der Schuldner kann (im Sinne einer **vorsorglichen Massnahme)** beim Gericht beantragen, dass die **Betreibung vorläufig einzustellen sei.** Der Richter tut dies jedoch nur dann, wenn ihm nach Anhörung der Parteien und Würdigung der Beweismittel die **Klage als sehr wahrscheinlich begründet erscheint** (Abs. 2).

§ 17 Rückforderungsklage (Art. 86 SchKG)

Es kann sein, dass der Schuldner lieber in einer aus seiner Sicht ungerechtfertigten Betreibung bezahlt, als es zur Zwangsvollstreckung kommen zu lassen (zumal bei einer Zwangsverwertung in aller Regel nicht Höchstpreise erzielt werden). Eine Rückforderung wegen ungerechtfertigter Bereicherung (Art. 62 ff. OR) scheitert daran, dass der Schuldner unter Betreibungsdruck gestanden und damit nicht aus Irrtum über seine Zahlungspflicht bezahlt hat.

Der Schuldner kann aber innert Jahresfrist eine von ihm geleistete Zahlung durch Klage vor Gericht vom Gläubiger (Art. 86 Abs. 2 SchKG) zurückfordern. Verfahrensrechtliche Voraussetzung ist, dass er den **Rechtsvorschlag unterlassen** hat oder **dieser durch Rechtsöffnung beseitigt** worden ist (womit der Gläubiger die Betreibung fortsetzen kann; Art. 86 Abs. 1 SchKG; wurde der Rechtsvorschlag durch Anerkennungsklage beseitigt [Art. 79 SchKG], steht die Rückforderungsklage nicht offen, da der Anerkennungsklage – was Bestand und Umfang der Forderung betrifft – volle materielle Rechtskraft zukommen). Der Schuldner muss einzig nachweisen, dass er eine Nichtschuld bezahlt hat (Art. 86 Abs. 3 SchKG).

§ 18 Fortsetzung der Betreibung

Wurde vom Schuldner kein Rechtsvorschlag erhoben oder wurde dieser beseitigt (vgl. § 15 Ziff. 2/3), so kann der Gläubiger das **Fortsetzungsbegehren** stellen (vgl. auch **Grafik 1).** Er kann dies frühestens 20 Tage nach Zustellung des Zahlungsbefehls tun (d.h. nach Ablauf der Zahlungsfrist; Art. 88 Abs. 1 SchKG; vgl. § 14 Ziff. 1). Dieses Recht erlischt ein Jahr nach Zustellung des Zahlungsbefehls. Wenn Rechtsvorschlag erhoben worden ist, steht diese Frist zwischen der Einleitung und der Erledigung eines dadurch veranlassten Gerichtsverfahrens still (Art. 88 Abs. 2 SchKG).

Lautet die **Forderung auf eine Fremdwährung,** so kann der Gläubiger im Fortsetzungsbegehren die Forderung erneut (zur Umrechnungspflicht im Betreibungsbegehren; vgl. § 13) **in Schweizer Franken umrechnen** (Art. 88 Abs. 4 SchKG). Er wird dies dann tun, wenn sich in der Zwischenzeit der Wechselkurs zu seinen Gunsten verändert hat.

Nach Zugang des Fortsetzungsbegehrens entscheidet der Betreibungsbeamte, auf welche **Art die Betreibung weitergeführt wird.**

Dies hängt davon ab, ob der Schuldner der Betreibung auf Pfändung (vgl. § 19) oder jener auf Konkurs unterliegt (vgl. § 35 Ziff. 1).

Ob ein Schuldner (für eine bestimmte Forderung) der **Betreibung auf Pfandverwertung** unterliegt, entscheidet sich für pfandgesicherte Forderungen **schon im Einleitungsverfahren**; der Gläubiger muss dies schon im **Betreibungsbegehren** angeben (vgl. § 13) und der Schuldner kann sich gegen eine falsche Betreibung (ordentliche Betreibung anstatt Betreibung auf Pfandverwertung) mit Beschwerde gegen den Zahlungsbefehl wehren (vgl. § 26 Ziff. 3).

4. Teil: Betreibung auf Pfändung

Grafik 2 gibt einen Überblick über den Ablauf der Betreibung auf Pfändung.

§ 19 Anwendungsbereich

Die Betreibung auf Pfändung ist der **Auffangtatbestand:** Soweit es sich nicht um eine pfandgesicherte Forderung handelt (vgl. § 26 Ziff. 2) und sofern der Schuldner nicht der Betreibung auf Konkurs unterliegt (vgl. § 35 Ziff. 1), wird die Betreibung auf dem Weg der Pfändung fortgesetzt (Art. 42 Abs. 1 SchKG).

§ 20 Pfändung

1. Allgemeines

In jedem Vollstreckungsverfahren muss in einem bestimmten Zeitpunkt spezifiziert werden, in welche Vermögensobjekte des Schuldners vollstreckt werden soll. In der Betreibung auf Pfändung findet diese **Spezifizierung** bei der Pfändung statt. Die Spezifizierung findet durch Aufnahme einer Urkunde statt; bei der Pfändung ist dies die **Pfändungsurkunde** (vgl. Ziff. 2 unten).

Unverzüglich nach Zugang des Fortsetzungsbegehrens vollzieht der Betreibungsbeamte die Pfändung (Art. 89 SchKG). In seinem **Wesen** ist die Pfändung ein amtliches Verfügungsverbot.

> **Rechtstatsächliches:** Pro Jahr werden rund 1,5 Mio. Pfändungen vollzogen.

2. Durchführung

Dem **Schuldner** wird die Pfändung spätestens am Vortag durch das Betreibungsamt angekündigt (Art. 90 SchKG). Er muss **der Pfändung beiwohnen** oder sich dabei vertreten lassen (Art. 91 Abs. 1 Ziff. 1 SchKG). Er muss Räumlichkeiten und Behältnisse öffnen (Art. 91 Abs. 3 SchKG). Er muss seine **Aktiven angeben,** soweit dies für die Pfändung notwendig ist (Art. 91 Abs. 1 Ziff. 2 SchKG).

Die Pfändung findet dergestalt statt, dass die von ihr erfassten Vermögensstücke samt Schätzung (Art. 97 Abs. 1 SchKG) in der sog. **Pfändungsurkunde aufgeführt** werden. Dort werden auch Ansprachen Dritter aufgeführt (Art. 112 Abs. 1 SchKG). Wird nicht genügend oder gar kein pfändbares Vermögen vorgefunden, so wird dies ebenfalls in der Pfändungsurkunde festgestellt (Art. 112 Abs. 3 SchKG). Die Pfändung wird (anders als die Konkurseröffnung; vgl. § 35 Ziff. 1 lit. c) **nicht veröffentlicht**.

Schuldner und Gläubiger erhalten nach Ablauf der Pfändungsanschlussfrist von 30 Tagen (vgl. § 22 Ziff. 1) eine Abschrift der Pfändungsurkunde (Art. 114 SchKG). Damit wissen alle Verfahrensbeteiligten, wer an einer Pfändung (in welcher Pfändungsgruppe) teilnimmt, und welche Vermögensobjekte in das Vollstreckungsverfahren einbezogen sind.

3. Wirkungen

Die Wirkung der Pfändung ist, dass der Schuldner bei Straffolge (Art. 169 StGB) nicht über die gepfändeten Objekte verfügen darf **(Verfügungsverbot).** Darauf wird er ausdrücklich aufmerksam gemacht (Art. 96 Abs. 1 SchKG). Verfügungen des Schuldners, welche die Rechte der pfändenden Gläubiger verletzen, sind ungültig. Vorbehalten bleibt der Rechtserwerb gutgläubiger Dritter (Art. 96 Abs. 2 SchKG).

Die Pfändung bedeutet nur bei geldnahen und wertvollen Gegenständen (Bargeld, Inhaberpapiere, Wechsel, Edelsteine und andere Kostbarkeiten) die **physische Wegnahme** durch das Betreibungsamt. Ansonsten werden die gepfändeten Gegenstände dem Schuldner in der Regel belassen (Art. 98 SchKG) und nur in der Pfändungsurkunde aufgeführt.

Bei der Pfändung von Forderungen (z.B. Lohnforderungen) wird **dem Drittschuldner angezeigt**, dass er rechtsgültig nur noch an das Betreibungsamt leisten kann (Art. 99 SchKG). Bei Grundstücken wird die Pfändung **im Grundbuch vorgemerkt** (Art. 101 SchKG).

Wenn bei der Pfändung **überhaupt kein pfändbares Vermögen vorhanden** ist, dann ist die Betreibung beendet; es gibt nichts zu verwerten und der Ausfall steht schon im vollen Ausmass fest. In diesem Fall **bildet die Pfändungsurkunde den definitiven Pfändungsverlustschein** (Art. 115 Abs. 1 SchKG).

4. Unpfändbare Vermögenswerte

Aus sozialpolitischen Überlegungen sind verschiedene Vermögenswerte des Schuldners unpfändbar (vgl. im Einzelnen Art. 92 SchKG; sog. **Kompetenzstücke**), namentlich:

- Kleider, Hausgeräte, Möbel und andere unentbehrliche Sachen,
- Tiere, die im häuslichen Bereich gehalten werden,
- religiöse Gegenstände,
- Werkzeuge und sonstige Objekte, welche für die Ausübung eines **Berufs** notwendig sind; wenn der Schuldner eine Unternehmung betreibt, sind die Objekte pfändbar,
- Fürsorge- und Unterstützungsleistungen,
- Renten und Kapitalabfindungen für Körperverletzungen, Gesundheitsstörungen oder Tötung,
- AHV- und IV-Renten,

- BVG-Ansprüche **vor** Eintritt der Fälligkeit; nach Eintritt der Fälligkeit sind sie beschränkt pfändbar (vgl. Ziff. 5 unten).

5. Beschränkt pfändbare Vermögenswerte

Periodische Ansprüche wie Erwerbseinkommen, Nutzniessungen, Leibrenten und Unterhaltsbeiträge sind beschränkt pfändbar. Sie sind pfändbar, soweit sie das **Existenzminimum** des Schuldners und seiner Familie übersteigen (Art. 93 Abs. 1 SchKG). Für die Berechnung des Existenzminimums haben die kantonalen Aufsichtsbehörden **Richtlinien** erlassen. Diese basieren auf einem Grundbetrag (je nach Lebenssituation [alleine lebend, Mehrpersonenhaushalt, mit oder ohne Kinder]) und Zuschlägen nach effektiven Auslagen (z.B. für Miete, Unterhaltsbeiträge etc.).

Periodische Ansprüche (wie Lohn, Renten, Unterhaltsbeiträge) können längstens **für die Dauer von einem Jahr** gepfändet werden (Art. 93 Abs. 2 SchKG). Danach muss eine neue Betreibung eingeleitet werden. Bei Veränderung der Verhältnisse kann das Betreibungsamt die Pfändung den neuen Verhältnissen anpassen (Art. 93 Abs. 3 SchKG).

Die Pfändung umfasst nur Vermögenswerte, **soweit es** (gemäss deren Schätzwert) **nötig ist, um die pfändenden Gläubiger für ihre Forderungen zu befriedigen** (Art. 97 Abs. 2 SchKG). Darin zeigt sich, dass es sich bei der Pfändung um eine Spezialexekution handelt.

In diesem Umfang ist bei der Pfändung folgende **Reihenfolge** einzuhalten, wobei der Betreibungsbeamte davon abweichen kann, wenn es die Verhältnisse rechtfertigen oder wenn Gläubiger und Schuldner es verlangen (Art. 95 SchKG):

- bewegliche Sachen und Forderungen, wobei die Gegenstände des täglichen Verkehrs zuerst und unentbehrliche zuletzt gepfändet werden,

- unbewegliches Vermögen,
- Vermögensstücke, welche von einem Arrest erfasst sind oder welche als Dritten gehörig bezeichnet wurden, werden in letzter Linie gepfändet,
- Forderungen des Schuldners gegen seinen Ehegatten oder seinen eingetragenen Partner werden nur gepfändet, soweit sein übriges Vermögen nicht ausreicht (Art. 95a SchKG).

Rechtstatsächliches: In rund 50 % aller Betreibungen findet eine Lohnpfändung statt. Vermögenspfändungen finden (mangels Vermögen) in weniger als 10 % aller Betreibungen statt. Nur in rund 10 % aller Betreibungen erhalten die Gläubiger volle oder teilweise Deckung. Ein massgeblicher Teil (zwischen 25 % und 35 %) aller Pfändungen endet ergebnislos, indem überhaupt nichts gepfändet werden kann.

§ 21 Ansprüche Dritter (Widerspruchsverfahren)

Gemäss Zivilrecht haftet der Schuldner mit seinem gesamten Vermögen. In Vermögenswerte Dritter darf dagegen nicht vollstreckt werden (sofern sich die Dritten nicht selbständig verpflichtet haben). Es braucht deshalb ein Verfahren, in welchem entschieden wird, ob in Vermögenswerte, welche von Dritten angesprochen werden, vollstreckt werden darf.

Vermögensobjekte, welche vom Schuldner als Dritten gehörig bezeichnet oder von Dritten zu Eigentum angesprochen werden, werden **gleichsam** – wenn auch in letzter Linie (vgl. § 20 Ziff. 5) – **gepfändet** (Art. 95 Abs. 3 SchKG). Es wird jedoch in der Pfändungsurkunde auf die Drittansprache hingewiesen (Art. 106 Abs. 1 SchKG).

Die Vorgehensweise hängt davon ab, wem im Zeitpunkt der Pfändung der sog. **Gewahrsam** am Objekt zukommt. Gewahrsam ist die unmittelbare faktische Herrschaft über eine Sache mit der Möglichkeit, diese zu gebrauchen (sie entspricht etwa dem unmittelbaren Besitz gemäss Zivilrecht). Wer den Gewahrsam hat, für den spricht der **Rechtsschein,** dass ihm das Objekt gehört (analog Art. 930 Abs. 1 ZGB). Deshalb muss im Streitfall die Gegenpartei Klage erheben.

Grafik 3 gibt einen Überblick über das Widerspruchsverfahren.

1. Bei ausschliesslichem Gewahrsam des Schuldners

Hat der Schuldner ausschliesslichen Gewahrsam, so spricht der Rechtsschein für ihn. Durch ein **vorgelagertes Bestreitungsverfahren** wird geklärt, ob die Eigentumsfrage überhaupt strittig ist: Das Betreibungsamt setzt dem Schuldner und den betreibenden Gläubigern eine **Frist von zehn Tagen** an, um den Anspruch des Dritten zu bestreiten (Art. 107 Abs. 1 und 2 SchKG).

Erfolgt **keine Bestreitung,** so gilt der Anspruch des Dritten als anerkannt (Art. 107 Abs. 4 SchKG). Aufgrund dessen fällt das Objekt aus der Pfändung und er wird dem Drittansprecher überlassen.

Wird der Anspruch dagegen **bestritten,** so setzt das Betreibungsamt dem **Dritten** (gegen welchen der Rechtsschein spricht) eine **Frist von 20 Tagen,** um gegen die bestreitende Partei (Schuldner oder betreibender Gläubiger) **Klage** (sog. Widerspruchsklage) zu erheben. Erfolgt innert Frist keine Klage, so fällt der Anspruch des Dritten in der Betreibung ausser Betracht (Art. 107 Abs. 5 SchKG); der Vermögenswert wird unbesehen des Drittanspruches verwertet.

Wird Klage geführt, wird im gerichtlichen Verfahren entschieden, ob das strittige Vermögensobjekt in der Pfändung bleibt (bei Abweisung der Widerspruchsklage) oder nicht (bei Gutheissung der Widerspruchsklage).

2. Bei Allein- oder Mitgewahrsam des Dritten

Hat der Dritte Alleingewahrsam oder haben der Dritte und der Schuldner Mitgewahrsam, so spricht der Rechtsschein für, auf jeden Fall nicht gegen den **Dritten.** Ein vorgelagertes Bestreitungsverfahren ist nicht notwendig. Das Betreibungsamt setzt den **Gläubigern und dem Schuldner eine Frist von 20 Tagen,** um gegen den Dritten **Klage** zu erheben (Art. 108 Abs. 1 und 2 SchKG).

Wird keine Klage erhoben, so gilt der Anspruch als anerkannt (Art. 108 Abs. 3 SchKG); der Vermögenswert fällt aus der Pfändung. Wird Klage geführt, wird im gerichtlichen Verfahren entschieden, ob das strittige Vermögensobjekt in der Pfändung bleibt (bei Gutheissung der Widerspruchsklage) oder nicht (bei Abweisung der Widerspruchsklage).

3. Formalien des Widerspruchsprozesses

Die Widerspruchsklage ist eine **vollstreckungsrechtliche Klage.** Es geht darum, ob ein Gegenstand in der Pfändung verbleibt oder nicht; wer Eigentümer ist (was eine zivilrechtliche Frage ist), wird nur vorfrageweise geprüft. Das Gesetz regelt, wo (örtlich) Klage zu führen ist (Art. 109 Abs. 1–3 SchKG). Der Prozess wird (je nach Streitwert) im vereinfachten (Art. 243 ff. ZPO) oder ordentlichen Verfahren geführt (Art. 219 ff. ZPO). Bis zur Erledigung der Klage bleibt die Betreibung in Bezug auf die streitigen Gegenstände eingestellt und die Fristen für das Verwertungsbegehren (vgl. § 24 Ziff. 1) stehen still (Art. 109 Abs. 5 SchKG).

§ 22 Pfändungsanschluss

Die Pfändung wird durch einen Gläubiger ausgelöst. Es können jedoch auch mehrere Gläubiger parallel betreiben und pfänden.

Grundsätzlich gilt «**first come first serve**». Das Prinzip der zeitlichen Priorität wird jedoch durch den sog. Pfändungsanschluss teilweise durchbrochen. Soweit sich ein Gläubiger der **Pfändung** eines anderen Gläubigers **anschliessen** kann, bilden sie eine **Pfändungsgruppe.** Wie die Verteilung innerhalb einer Pfändungsgruppe erfolgt, hängt davon ab, welcher Erlös bei der Verwertung resultiert (vgl. § 25 Ziff. 4).

Später betreibende Gläubiger bilden eine nachfolgende Gruppe. **Zwischen den Pfändungsgruppen** gilt wiederum das **Prinzip der zeitlichen Priorität.** Ein Gläubiger kann sich der Pfändung eines anderen Gläubigers ordentlich (vgl. Ziff. 1 unten) oder privilegiert anschliessen (vgl. Ziff. 2 unten). Findet ein Pfändungsanschluss statt, so wird dies in der Pfändungsurkunde nachgetragen (Art. 113 SchKG).

1. Ordentlicher Pfändungsanschluss

Stellen Gläubiger innerhalb von **30 Tagen nach Vollzug der Pfändung** für einen anderen Gläubiger das **Fortsetzungsbegehren,** so nehmen alle diese Gläubiger an der Pfändung des ersten Gläubigers teil; sie bilden zusammen eine **Pfändungsgruppe** (Art. 110 Abs. 1 SchKG). Wenn ein Gläubiger somit unverzüglich nach Vollzug der Pfändung eines anderen Gläubigers Betreibung einleitet und der Schuldner keinen Rechtsvorschlag erhebt, kann sich der Gläubiger, wenn er sofort nach Ablauf der Zahlungsfrist von 20 Tagen das Fortsetzungsbegehren stellt, der Pfändung des anderen Gläubigers ordentlich anschliessen.

Soweit dies aufgrund des Pfändungsanschlusses notwendig ist, **ergänzt** der Betreibungsbeamte die **Pfändung** von Amtes wegen (Art. 110 Abs. 1 SchKG; zur Unterscheidung zur Nachpfändung vgl. § 25 Ziff. 3), da nun für mehrere Forderungen gepfändet werden muss.

Gläubiger, welche das Fortsetzungsbegehren erst nach mehr als 30 Tagen stellen, bilden eine separate, **nachfolgende Pfändungsgruppe** mit gesonderter Pfändung (Art. 110 Abs. 2 SchKG; zur Verteilung des Erlöses vgl. § 25 Ziff. 4).

2. Privilegierter Pfändungsanschluss

Gewisse Gläubiger können sich einer Pfändung privilegiert anschliessen. Dies ist deshalb gerechtfertigt, weil diese Personen aufgrund ihrer **Nähe zum Schuldner** Skrupel haben, selbst Betreibung gegen ihn einzuleiten. Es sind dies (Art. 111 Abs. 1 SchKG):

- der **Ehegatte** des Schuldners,
- der Partner einer eingetragenen gleichgeschlechtlichen Partnerschaft,
- **Kinder,** Mündel und Verbeiständete,
- mündige Kinder und Grosskinder für Forderungen aus Art. 334 und 334bis ZGB,
- Pfründer für Forderungen gemäss Art. 529 OR.

Die drei erstgenannten Personengruppen können ihr Recht nur geltend machen, wenn die Pfändung während der Dauer ihres Rechtsverhältnisses (Ehe, eingetragene Partnerschaft, elterliche oder vormundschaftliches Verhältnis) oder innert eines Jahres nach dessen Ende erfolgt ist (Art. 111 Abs. 2 SchKG).

Der Pfändungsanschluss ist in zweierlei Hinsicht privilegiert: Zum einen hat der Berechtigte **40 Tage** nach der Pfändung Zeit, um sich anzuschliessen (Art. 111 Abs. 1 SchKG). Er kann damit abwarten, welche Gläubiger einen ordentlichen Pfändungsanschluss erwirken. Zum anderen muss er **nicht betreiben** (Art. 111 Abs. 1 SchKG); er kann sich durch einfache Mitteilung an das Betreibungsamt anschliessen.

Da der Berechtigte, der sich der Pfändung privilegiert anschliessen kann, das Einleitungsverfahren (noch) nicht durchschritten hat, muss geklärt werden, ob die von ihm geltend gemachte Forderung auch tatsächlich besteht: Erfolgt ein Pfändungsanschluss, setzt das Betreibungsamt dem **Schuldner und** den **Gläubigern** eine **Frist von zehn Tagen,** um den **Anschluss zu bestreiten** (Art. 111 Abs. 4 SchKG).

Wird der Anspruch bestritten, so findet die Teilnahme nur mit dem Recht einer provisorischen Pfändung (vgl. § 24 Ziff. 1) statt. Der **Ansprecher** muss **innert 20 Tagen Klage** auf privilegierten Pfändungsanschluss **erheben.** Erfolgt innert Frist keine Klage, so fällt der Pfändungsanschluss dahin (Art. 111 Abs. 5 SchKG). Erfolgt eine Klage, so richtet sich nach dem richterlichen Entscheid, ob die Teilnahme an der Pfändung zulässig ist (bei Gutheissung der Klage) oder nicht (bei Abweisung der Klage).

§ 23 Provisorischer Pfändungsverlustschein (Pfändungsurkunde)

Ist (gemäss Schätzung durch das Betreibungsamt) **nicht genügend Vermögen vorhanden,** um die Forderungen aller pfändenden Gläubiger zu decken, so gilt die **Pfändungsurkunde** als provisorischer Pfändungsverlustschein (Art. 115 Abs. 2 SchKG). Provisorisch ist er, da der Ausfall noch nicht definitiv und auch nicht im genauen Ausmass feststeht (zum definitiven Pfändungsverlustschein vgl. § 25 Ziff. 5).

Der provisorische Pfändungsverlustschein zeitigt folgende Wirkungen:

- Der Gläubiger kann damit sofort **Arrest legen** lassen (Art. 115 Abs. 2 i.V.m. Art. 271 Abs. 1 Ziff. 5 SchKG; vgl. § 38 ff.),
- Er kann eine **paulianische Anfechtungsklage führen** (Art. 115 Abs. 2 i.V.m. Art. 285 Abs. 2 Ziff. 1 SchKG; vgl. § 45 ff.),

- Er kann innert einem Jahr ohne Einleitungsverfahren **direkt** die **Pfändung neu entdeckter Vermögensgegenstände verlangen** (Art. 115 Abs. 3 SchKG).

§ 24 Verwertung

1. Verwertungsbegehren

Jeder Gläubiger einer Pfändungsgruppe kann die Verwertung gepändeter Vermögensstücke verlangen (Art. 117 Abs. 1 SchKG). Dafür muss er ein Verwertungsbegehren stellen (Art. 116 Abs. 1 SchKG). Ein Gläubiger mit bloss provisorischer Pfändung (vgl. § 15 Ziff. 2 lit. a, § 22 Ziff. 2) kann die Verwertung (noch) nicht verlangen (Art. 118 SchKG).

Für das Verwertungsbegehren sind je nach den zu verwertenden Vermögensobjekten unterschiedliche **Fristen** zu beachten, wann das Begehren gestellt werden kann (Art. 116 Abs. 1 und 2 SchKG).

Werden diese Fristen nicht gewahrt, so **erlischt** die Betreibung in Bezug auf die jeweiligen Vermögensobjekte (Art. 121 SchKG). Erfolgt ein Verwertungsbegehren, so benachrichtigt das Betreibungsamt den Schuldner innert drei Tagen (Art. 120 SchKG).

2. Zeitpunkt der Verwertung

Das Betreibungsamt nimmt die Verwertung von Amtes wegen vor. Dabei hat es je nach Art des zu verwertenden Vermögensobjektes unterschiedliche **Fristen** zu beachten (Art. 122, Art. 133 SchKG).

Eine **vorzeitige Verwertung** findet statt, wenn es der Schuldner (Art. 124 Abs. 1 SchKG) bzw. bei Grundstücken, wenn es Schuldner, Pfändungs- und Pfandgläubiger ausdrücklich verlangen (Art. 133 Abs. 2 SchKG). In Bezug auf Gegenstände, welche schneller Wertverminderung ausgesetzt sind, einen kostspieligen Unterhalt erfordern oder unverhältnismässig hohe Aufbewahrungskosten verursachen, kann auch ansonsten eine vorzeitige Verwertung erfolgen (Art. 124 Abs. 2 SchKG; sog. **Notverkauf**).

Die Verwertung kann **aufgeschoben** werden, wenn der Schuldner glaubhaft macht, dass er die Schuld **innert höchstens 12 Monaten** (bei Forderungen erster Klasse [vgl. § 36 Ziff. 3 lit. g] innert höchstens sechs Monaten [Art. 123 Abs. 2 SchKG]) ratenweise zahlen kann. Er muss sich zu regelmässigen und angemessenen Abschlagszahlungen an das Betreibungsamt verpflichten. Zudem muss der Schuldner die **erste Rate bezahlt** haben (Art. 123 Abs. 1 SchKG). Die Höhe der Raten und die Zahlungstermine werden vom Betreibungsbeamten festgesetzt. Wenn sich die Verhältnisse ändern, kann er Anpassungen vornehmen (Art. 123 Abs. 3 und 5 SchKG). Er berücksichtigt dabei die Verhältnisse des Schuldners und der Gläubiger (Art. 123 Abs. 3 SchKG).

3. Verwertungsarten

Die Verwertung findet als Versteigerung (vgl. lit. a unten), Freihandverkauf (vgl. lit. b unten) oder Forderungsüberweisung statt (vgl. lit. d unten). Welche Verwertungsart zur Anwendung gelangt, bestimmt sich nach dem zu verwertenden Objekt und dem Willen der Betreibungsparteien. Ziel der Verwertung ist es, für die Vermögensobjekte des Schuldners Geld zu lösen, um damit die Gläubiger zu befriedigen.

a) Zwangsversteigerung

Die **übliche Verwertungsart** ist die Zwangsversteigerung. Sie findet auf bewegliche Sachen, Forderungen und Grundstücke Anwendung (Art. 122 Abs. 1, Art. 133 Abs. 1 SchKG). Die Steigerung wird öffentlich bekannt gemacht (Art. 125 Abs. 1, 138 Abs. 1 SchKG).

Für die Steigerung werden **Steigerungsbedingungen** aufgestellt. Diese regeln den Ablauf der Steigerung (Art. 125 Abs. 1, Art. 134 ff. SchKG). Bei Grundstücken sind die Steigerungsbedingungen ausführlicher (Art. 134 ff. SchKG; Art. 45 ff. VZG). Der Verwertungsgegenstand wird dem **Meistbietenden nach dreimaligem Aufruf** («zum Ersten, zum Zweiten und zum Dritten») zugeschlagen (Art. 126 Abs. 1, 142a SchKG).

b) Freihandverkauf

Anstelle der Versteigerung kann die Verwertung durch Freihandverkauf erfolgen. Beim Freihandverkauf versucht das Betreibungsamt die geeigneten Interessenten ausfindig zu machen und dabei den bestmöglichen Preis zu erzielen. Bei beweglichen Sachen und Forderung ist ein Freihandverkauf möglich (Art. 130 SchKG):

- wenn alle Beteiligten ausdrücklich damit einverstanden sind (Ziff. 1),
- bei Wertpapieren und anderen Gegenständen mit einem Markt- oder Börsenpreis, wenn der Tageskurs gelöst wird (Ziff. 2),
- bei Gegenständen aus Edelmetall, wenn eine Versteigerung zum Metallwert nicht möglich war und beim Freihandverkauf dieser Wert gelöst wird (Ziff. 3),
- als Notverkauf (Ziff. 4; vgl. Ziff. 2 oben).

Bei **Grundstücken** ist erforderlich, dass alle Beteiligten damit einverstanden sind und mindestens der Schätzpreis gelöst wird (Art. 143b Abs. 1 SchKG).

c) Gemeinsame Bestimmungen für die Steigerung und den Freihandverkauf

aa) Bei der Verwertung von Grundstücken

Bei der Verwertung von Grundstücken sind vorgängig die auf dem Grundstück liegenden **Lasten** (Grundpfandreche, Dienstbarkeiten,

Grundlasten und vorgemerkte persönliche Rechte [Art. 959 ZGB]) **festzustellen.** Dafür stellt der Betreibungsbeamte einerseits auf das Grundbuch ab (Art. 140 Abs. 1 SchKG). Anderseits fordert er die Berechtigten mittels öffentlicher Publikation auf, innert 20 Tagen ihre Ansprüche beim Betreibungsamt anzumelden (Art. 138 Abs. 2 Ziff. 3 SchKG).

Basierend darauf erstellt das Betreibungsamt das sog. **Lastenverzeichnis.** Dieses enthält eine Beschreibung des zu verwertenden Grundstücks und die aus dem Grundbuch ersichtlichen und die angemeldeten Lasten (Art. 140 Abs. 1 SchKG).

Die **Lastenbereinigung** findet nach den Bestimmungen über das Widerspruchsverfahren (Art. 106–109 SchKG; vgl. § 21) statt (Art. 140 Abs. 2 SchKG). Wer eine Last geltend macht, welche nicht aus dem Grundbuch ersichtlich ist, dem kommt kein Gewahrsam (vgl. § 21) zu, so dass ihm der Klägerrolle zukommt (Art. 107 SchKG). Umgekehrt kommt demjenigen die Klägerrolle zu, welcher eine aus dem Grundbuch ersichtliche Last bestreiten will.

Das rechtskräftige Lastenverzeichnis ist **massgeblich für die Verwertung.** Grundstücke werden mit allen darauf (gemäss dem Lastenverzeichnis) ruhenden Lasten dem Erwerber überbunden. Die damit verbundenen persönlichen Schuldpflichten gehen auf den Erwerber über. Fällige grundpfandgesicherte Schulden werden dem Erwerber nicht überbunden; für sie muss der Erwerber bar bezahen und der Erlös geht an den Grundpfandgläubiger (Art. 135 Abs. 1, Art. 143b SchKG). Dessen Pfandrecht geht unter; das Pfandrecht hat seinen Dienst getan.

Ist ein Grundstück ohne Zustimmung des vorgehenden Grundpfandgläubigers mit einer Last (Dienstbarkeit, Grundlast oder vorgemerktes persönliches Recht) belastet worden (Art. 812 ZGB), so kann sich dies zum Nachteil des Pfandgläubigers auswirken. Ob dies der Fall ist, zeigt sich beim sog. **Doppelaufruf:** Der **Grundpfandgläubiger** kann diesen innert zehn Tagen ab Zustellung des Lastenverzeichnisses **verlangen** (Art. 142 Abs. 1 SchKG).

Dabei wird das Grundstück zunächst mit der Last aufgerufen. Wird die grundpfandgesicherte Forderung voll gedeckt, wirkt sich die Last nicht zum Nachteil des Grundpfandgläubigers aus. Die Verwertung findet in diesem Fall **im ersten Aufruf** (**mit** der Last) statt. Die Last bleibt bestehen und wird dem Erwerber überbunden.

Wird dagegen die grundpfandgesicherte Forderung beim ersten Aufruf nicht voll gedeckt, findet ein **zweiter Aufruf ohne** die Last statt. Erhält der Grundpfandgläubiger dabei bessere (wenn allenfalls auch nicht vollständige) Deckung, wirkt sich die Last zum Nachteil des Pfandgläubigers aus. Die Verwertung findet in diesem Fall (im zweiten Aufruf) ohne die **Last** statt. Diese **geht** (zufolge Doppelaufruf) **unter** und wird im Grundbuch gelöscht (Art. 142 Abs. 3 SchKG).

bb) Sonstige Gemeinsamkeiten

Die Verwertung geschieht gegen **Barzahlung** oder unter Gewährung eines Zahlungstermins (Art. 129, Art. 136 SchKG). Erfolgt die Zahlung nicht rechtzeitig, so ordnet das Betreibungsamt eine neue Verwertung an. Der erste Erwerber haftet für den Ausfall (d.h., wenn bei einer zweiten Verwertung weniger gelöst wird) und allen weiteren Schaden (Art. 129 Abs. 3 und 4, Art. 143 SchKG).

Das Pfandrecht bietet dem Pfandgläubiger (in der Spezialexekution) Gewähr, dass das Pfand nicht gegen seinen Willen verwertet wird, sofern dadurch seine Rechtsstellung tangiert wird. Zum **Schutz des nicht selbst betreibenden Pfandgläubigers** gilt deshalb bei der Verwertung von Pfandobjekten das sog. **Deckungsprinzip:**

Eine Verwertung ist nur möglich, wenn das Angebot die vorangehenden pfandgesicherten Forderungen der nicht selber betreibenden Gläubiger übersteigt (Art. 126 Abs. 1, Art. 142a SchKG). Erfolgt kein solches Angebot, so kann eine Verwertung nicht stattfinden. Die **Betreibung fällt in Bezug auf diesen Gegenstand dahin** (Art. 126 Abs. 2, Art. 142a SchKG).

Ist von vornherein anzunehmen, dass der Zuschlag nicht möglich sein wird, so kann das Betreibungsamt auf Antrag des betreibenden Gläubigers von der Verwertung absehen und den Verlustschein ausstellen (Art. 127, Art. 142a SchKG). Der selbst betreibende Pfandgläubiger kann das Deckungsprinzip **nicht** in Anspruch nehmen.

Die Verwertung (Zuschlag bei der Steigerung und Freihandverkauf) sind hoheitliche Verfügungen des Betreibungsamtes. Sie können (nur) mit betreibungsrechtlicher **Beschwerde** (vgl. § 8 Ziff. 2) angefochten werden (Art. 132a Abs. 1, Art. 143a SchKG).

d) Forderungsüberweisung

Geldforderungen, welche keinen Markt- oder Börsenpreis haben, können auf **zwei verschiedene Arten** verwertet werden. Voraussetzung ist bei beiden Arten, dass sämtliche pfändenden Gläubiger damit einverstanden sind. Bei beiden Vorgehensweisen wird kein Geld gelöst, das für die Bezahlung der betreibenden Gläubiger verwendet werden kann.

Die Forderung kann den pfändenden Gläubiger oder einzelnen von ihnen zum Nennwert bis zur Höhe ihrer **Forderungen an Zahlungs statt angewiesen** werden. Die Gläubiger treten in diesem Umfang in die Rechte des Schuldners ein (Art. 131 Abs. 1 SchKG). Die Wirkungen entsprechen einer Abtretung (Zession). Im Umfang der Anweisung gehen die in Betreibung gesetzten Forderungen der Gläubiger unter; die Betreibungen erlöschen.

Das Betreibungsamt kann die pfändenden Gläubiger oder einzelne von ihnen auch **ermächtigen**, die **gepfändete Forderung im eigenen Namen und auf eigene Rechnung und Gefahr geltend zu machen.** Das Ergebnis dient zur Deckung der Auslagen und der Forderungen derjenigen Gläubiger, welche auf diese Weise vorgegangen sind. Deren Forderungen gehen nur im Umfang unter, da sie tatsächlich Deckung erhalten haben. Ein Überschuss muss dem Betreibungsamt abgeliefert werden (Art. 131 Abs. 2 SchKG). Dies entspricht in Wesentlichen einer Abtretung gemäss Art. 260 SchKG in der Generalexekution (vgl. § 37 Ziff. 8 lit. c).

e) Verwertung besonderer Rechte

Für besondere Rechte greifen spezielle Bestimmungen Platz (Art. 132 SchKG). Dies gilt etwa für eine Nutzniessung, die Anteile an einem Gemeinschaftsvermögen (wie z.B. an einer unverteilten Erbschaft, an einer Personengesellschaft, Gesamt- oder Miteigentum) oder Immaterialgüterrechte (Erfindungen, Muster, Modelle, Marken, Urheberrechte). In diesen Fällen bestimmt die **Aufsichtsbehörde** das Verfahren (Art. 132 SchKG).

§ 25 Verteilung

1. Zeitpunkt

Die Verteilung findet statt, wenn alle gepfändeten Vermögensobjekte verwertet sind (Art. 144 Abs. 1 SchKG). Es können schon vorher **Abschlagszahlungen** vorgenommen werden (Art. 144 Abs. 2 SchKG).

2. Reihenfolge der Bezahlung

Vorweg werden die Kosten der Verwaltung, der Verwertung und der Verteilung bezahlt (Art. 144 Abs. 3 SchKG). Der **Reinerlös** wird den betreibenden Gläubigern bis zur Höhe ihrer Forderungen (einschliesslich Zins bis zur letzten Verwertung) und den Betreibungskosten ausgerichtet (Art. 144 Abs. 4 SchKG).

3. Nachpfändung

Können aus dem Reinerlös nicht sämtliche Forderungen der betreibenden Gläubiger befriedigt werden, so vollzieht das Betreibungsamt **von Amtes wegen** eine Nachpfändung (zum Unterschied zur Ergänzungspfändung vgl. § 22 Ziff. 1). Das Amt verwertet die Gegenstände möglichst rasch (Art. 145 Abs. 1 SchKG).

4. Kollokationsplan und Verteilungsliste

Können alle Forderungen voll befriedigt werden, braucht es weder einen Kollokationsplan noch eine Verteilungsliste. Jeder Gläubiger erhält volle Deckung.

Können dagegen (auch nach einer allfälligen Nachpfändung; vgl. Ziff. 3 oben) nicht sämtliche Forderungen der betreibenden Gläubiger vollständig befriedigt werden, so muss der Reinerlös auf die Forderungen zugeteilt werden. Dazu erstellt das Betreibungsamt einen sog. Kollokationsplan und eine Verteilungsliste (Art. 146 Abs. 1 SchKG).

Im **Kollokationsplan** werden die Forderungen nach den **Pfändungsgruppen** und innerhalb einer Pfändungsgruppe nach der **Rangordnung** im Konkurs (Art. 219 Abs. 4 SchKG; vgl. § 36 Ziff. 3 lit. g) aufgelistet: Forderungen erster Klasse, Forderungen zweiter Klasse und Forderungen dritter Klasse (Art. 146 Abs. 2 SchKG). Der Kollokationsplan wird aufgelegt. Jeder Gläubiger erhält einen Auszug betreffend seiner Forderung (Art. 147 SchKG).

Der Kollokationsplan kann in zweifacher Hinsicht **angefochten** werden: Ist ein Gläubiger mit der Behandlung **seiner eigenen Forderung** nicht einverstanden, so muss er innert zehn Tagen betreibungsrechtliche **Beschwerde** bei der Aufsichtsbehörde führen (Art. 17 SchKG; zum Unterschied in der Generalexekution vgl. § 37 Ziff. 6 lit. c/ee). Da jeder Gläubiger das Einleitungsverfahren durchschritten hat, muss das Betreibungsamt jede Forderung zulassen;

dem Amt kommt keine Abweisungsbefugnis zu. Deshalb stellt jede Kollokation, welche nicht im Umfang erfolgt, da ein Gläubiger das Einleitungsverfahren überstanden hat, einen Verfahrensfehler dar.

Will ein Gläubiger dagegen gegen die Behandlung (Kollokation) einer **Forderung eines anderen Gläubigers** vorgehen, so muss er **innert 20 Tagen** beim Gericht des Betreibungsortes **Kollokationsklage** erheben (Art. 148 Abs. 1 SchKG). Die Klage richtet sich gegen den anderen Gläubiger. Heisst das Gericht die Klage gut, so weist es den nach der Verteilungsliste auf den Beklagten entfallenden Anteil am Verwertungserlös dem Kläger zu, soweit dies zur Deckung seines gemäss Verteilungsliste ausgewiesenen Verlustes (für die Forderung des Klägers) und die Prozesskosten nötig ist. Ein Überschuss verbleibt dem Beklagten (Art. 148 Abs. 3 SchKG). Es findet somit nur eine bilaterale Umverteilung statt. Nicht klagende Gläubiger profitieren nicht.

Nachfolgend erstellt das Betreibungsamt eine **Verteilungsliste.** Diese gibt im Rahmen des rechtskräftigen Kollokationsplanes darüber Aufschluss, welchen Betrag (Dividende) jeder Gläubiger auf seine kollozierte Forderung ausbezahlt erhält (Art. 147 SchKG).

5. Verlustschein

Jeder Gläubiger, der an der Pfändung teilgenommen hat, erhält für den ungedeckten Betrag seiner Forderung (den Ausfall) einen Verlustschein (Art. 149 Abs. 1 SchKG). Das Betreibungsamt stellt den Verlustschein aus, sobald der Verlust feststeht (Art. 149 Abs. 1bis SchKG).

Ein **definitiver Pfändungsverlustschein** (zum provisorischen Pfändungsverlustschein vgl. § 23) kann in zwei Konstellationen vorliegen:

- wenn schon bei der Pfändung überhaupt kein pfändbares Vermögen vorhanden ist (Art. 115 Abs. 1 SchKG); dann gibt es nichts zu verwerten und der definitive (vollständige) Ausfall steht schon fest oder

- wenn nach der Verteilungsliste nicht alle Gläubiger voll befriedigt werden können (Art. 149 Abs. 1 SchKG); in diesem Fall erleiden die Gläubiger ebenfalls einen definitiven (teilweisen) Ausfall.

Rechtstatsächliches: Ein massgeblicher Teil (zwischen 25 % und 35 %) aller Pfändungen endet ergebnislos, indem überhaupt nichts gepfändet werden kann.

Der definitive Verlustschein hat folgende **verfahrensrechtliche Wirkungen** (zu den Wirkungen des provisorischen Pfändungsverlustscheins vgl. § 23):

- Er gilt als Schuldanerkennung und kann in einer neuen Betreibung als **provisorischer Rechtsöffnungstitel** (vgl. § 15 Ziff. 2 lit. a) verwendet werden (Art. 149 Abs. 2 SchKG),
- Der Gläubiger kann auf Vermögenswerte des Schuldners **Arrest** legen lassen (Art. 271 Abs. 1 Ziff. 5 SchKG; vgl. § 38 ff.),
- Der Gläubiger kann **Anfechtungsklage** führen (Art. 285 Abs. 2 Ziff. 1 SchKG; vgl. § 45 ff.),
- Er kann **während sechs Monaten ohne neuen Zahlungsbefehl** die Betreibung direkt fortsetzen (Art. 149 Abs. 3 SchKG).

Der Verlustschein hat auch **materiellrechtliche Wirkungen:** Der Zinsenlauf für die Verlustscheinforderung hört auf (Art. 149 Abs. 4 SchKG). Die **Verjährung beträgt 20 Jahre.** Gegenüber den Erben des Schuldners verjährt die Forderung jedoch spätestens ein Jahr ab Eröffnung des Erbgangs (Art. 149a Abs. 1 SchKG).

Die Frage des sog. **neuen Vermögens spielt** beim Pfändungsverlustschein (in einer späteren Betreibung) **keine Rolle.** Dies ist ausschliesslich beim Konkursverlustschein (in einer nachfolgenden Betreibung) von Bedeutung (Art. 265a SchKG; vgl. § 37 Ziff. 10 lit. b).

5. Teil: Betreibung auf Pfandverwertung

§ 26 Besonderheiten und Anwendungsbereich

1. Besonderheiten

Die Betreibung auf Pfandverwertung läuft sehr ähnlich ab wie die Betreibung auf Pfändung. Im Gesetz wird daher weitgehend auf die Vorschriften der Pfändung verwiesen. Die hauptsächliche Besonderheit der Pfandverwertung besteht darin, dass die **Spezifikation der Gegenstände,** in welche vollstreckt werden soll (die Pfandobjekte), **schon am Anfang erfolgt** (vgl. Ziff. 2 unten). Eine spätere Spezifizierung (wie sie mit der Pfändung erfolgt; vgl. § 20 Ziff. 1) braucht es nicht. Es bedarf daher bei der Pfandverwertung keiner Pfändung.

Die Betreibung auf Pfandverwertung gehört zur Spezialexekution (vgl. § 3). Das Betreibungsverfahren **beschränkt sich** ausschliesslich **auf Pfandobjekte.** In das weitere Vermögen des Schuldners kann in diesem Verfahren nicht vollstreckt werden. Dafür muss (nach Abschluss der Pfandbetreibung) für die dannzumal ungesicherte Forderung ein neues Betreibungsverfahren (auf Pfändung oder Konkurs) eingeleitet werden (vgl. § 30).

2. Pfandgesicherte Forderung

Vorausgesetzt ist, dass eine **pfandgesicherte Forderung** besteht. Erfasst werden vertragliche und gesetzliche Pfandrechte. Das SchKG geht (in Abweichung vom Zivilrecht) von einem **weiten Begriff des Pfandrechts** aus. Erfasst werden die Grundpfandverschreibung, der Schuldbrief, die Grundpfandrechte des bisherigen Rechts, die Grundlast, das Faustpfand, das Pfandrecht an Forderungen, die Viehverpfändung und das Retentionsrecht (Art. 37 SchKG).

Die Wirkungen des **Pfandrechts** bemessen sich nach dem **Zivilrecht.** Das Pfandrecht ist in seinem Wesen ein **Sicherungsrecht.** Der Gläubiger hat ein Anrecht, sich aus dem Erlös des Pfandes bezahlt zu machen (Art. 891 Abs. 1, Art. 816 Abs. 1 ZGB). Sofern kein Selbstverwertungsrecht zugunsten des Pfandgläubigers vereinbart worden ist, findet die **Realisierung** des Pfandrechts im Betreibungsverfahren statt. Der betreibende Gläubiger **kann** sein Pfandrecht aktiv aber **nur einmal** (d.h. nur in einem Betreibungsverfahren) **geltend machen.** Danach geht es unter (Art. 156 Abs. 1 SchKG), selbst wenn der Pfandgläubiger einen Ausfall erleidet. Deshalb bleibt nach Abschluss einer Betreibung auf Pfandverwertung mit nicht vollständiger Deckung eine ungesicherte (Rest-)Forderung übrig (vgl. § 30).

3. Anwendungsbereich

Für pfandgesicherte Forderungen **muss** Betreibung auf Pfandverwertung geführt werden. Dies gilt auch dann, wenn der Schuldner der Betreibung auf Konkurs unterliegt (Art. 41 Abs. 1 SchKG).

Einzig für **grundpfandgesicherte Zinsen oder Annuitäten** (d.h. jährliche Amortisationszahlungen) kann der **Gläubiger wählen,** ob er Betreibung auf Pfandverwertung oder (je nach Person des Schuldners) Betreibung auf Pfändung bzw. Konkurs führen will (Art. 41 Abs. 2 SchKG).

Ansonsten kann der Gläubiger (bewusst oder unbewusst) auch für eine pfandgesicherte Forderung **ordentlich** (d.h. nicht auf Pfandverwertung) **betreiben.** Der **Schuldner** kann sich aber dagegen wehren. Er muss dies mit **betreibungsrechtlicher Beschwerde** (vgl. § 8 Ziff. 2) gegen den Zahlungsbefehl tun (Art. 41 Abs. 1bis SchKG; sog. **beneficium excussionis realis** – die Einrede der Vorabverwertung des Pfandobjektes).

Ob ein Schuldner (für eine bestimmte Forderung) der Betreibung auf Pfandverwertung unterliegt, entscheidet sich damit schon ganz zu **Beginn des Einleitungsverfahrens** (nämlich schon im Betreibungsbegehren; vgl. § 27 Ziff. 2) und nicht erst nach Eingang des Fortsetzungsbegehrens (wie bei der ordentlichen Betreibung; vgl. § 18).

§ 27 Besonderheiten im Einleitungsverfahren

Grundsätzlich läuft das Einleitungsverfahren in der Betreibung auf Pfandverwertung gleich ab wie in der Betreibung auf Pfändung (Art. 151 Abs. 1, Art. 152 Abs. 1, Art. 153 Abs. 1 und Abs. 4 SchKG). Es gibt nur wenige Besonderheiten, welche bei der Pfandverwertung zur Anwendung gelangen.

1. Dritte als mitbetriebene Parteien

An einem Pfandgegenstand können neben dem Schuldner auch verschiedene andere Personen berechtigt sein. Damit auch diese ihre Rechte wahrnehmen können, müssen sie in das Betreibungsverfahren miteinbezogen werden (vgl. Ziff. 3 unten).

Dies gilt dann, wenn nicht der Schuldner, sondern ein Dritter Eigentümer der Pfandsache ist (sog. **Drittpfandeigentümer).** Dies kann der Fall sein, weil der Dritte das Pfand bestellt hat oder wenn er das Pfandobjekt nachträglich zu Eigentum erworben hat.

Dient ein verpfändetes Grundstück als **Familienwohnung** oder als gemeinsame Wohnung einer eingetragenen, gleichgeschlechtlichen Partnerschaft (gemäss Art. 14 des Partnerschaftsgesetzes), so wird auch der **Ehegatte** bzw. der **eingetragene Partner** (des Schuldners oder des Drittpfandeigentümers) zur mitbetriebenen Partei.

2. Besonderheiten beim Betreibungsbegehren

In der Betreibung auf Pfandverwertung findet die Spezifizierung, in welche Objekte (Pfandobjekte) später vollstreckt werden soll, schon ganz am Anfang statt (vgl. § 26 Ziff. 1). Der Gläubiger muss den **Pfandgegenstand** schon im Betreibungsbegehren nennen (Art. 151 Abs. 1 SchKG).

Gibt es **mitbetriebene Parteien** (vgl. Ziff. 1 oben), so sind diese ebenfalls schon im Betreibungsbegehren zu nennen (Art. 151 Abs. 1 SchKG).

Ist das verpfändete Grundstück vermietet oder verpachtet, so erstreckt sich die Pfandhaft zivilrechtlich auch auf die Miet- und Pachtzinserträgnisse (Art. 806 Abs. 1 ZGB). Der Pfandgläubiger kann schon mit dem Betreibungsbegehren die **Ausdehnung der Pfandhaft auf die Miet- und Pachtzinserträgnisse** verlangen (Art. 152 Abs. 2 SchKG; Art. 91 VZG; zur Fortführungslast vgl. Ziff. 3 unten). Verlangt der Pfandgläubiger nicht schon im Betreibungsbegehren die Ausdehnung der Pfandhaft auf Miet- und Pachtzinsen, so tritt diese erst mit Eingang des Verwertungsbegehrens ein (Art. 101 VZG).

3. Besonderheiten beim Zahlungsbefehl und beim Rechtsvorschlag

Die **Zahlungsfrist** ist länger. Sie beträgt einen Monat, wenn es sich um ein Faustpfand handelt, und sechs Monate, wenn es sich um ein Grundpfand handelt (Art. 152 Abs. 1 lit. a SchKG). Die **Androhung** geht dahin, dass das Pfand verwertet wird, wenn der Schuldner weder Rechtsvorschlag erhebt noch Zahlung leistet (Art. 152 Abs. 1 lit. b SchKG).

Hat der Grundpfandgläubiger schon mit dem Betreibungsbegehren die **Ausdehnung der Pfandhaft auf die Miet- und Pachtzinserträgnisse** verlangt, so teilt dies das Betreibungsamt den Mietern und Pächtern mit und weist diese an, nur noch an das Betreibungsamt zu bezahlen (Art. 152 Abs. 2 SchKG; Art. 92 VZG). Wenn der Pfandgläubiger die Ausdehnung verlangt hat, muss er die Betreibung zügig fortführen **(Fortführungslast):** Wird Rechtsvorschlag erhoben, muss der Gläubiger innert zehn Tagen Rechtsöffnung verlangen oder Anerkennungsklage einleiten. Wird die Rechtsöffnung abgewiesen, muss der Gläubiger innert zehn Tagen Anerkennungsklage führen. Hält er diese Fristen nicht ein, so wird die Anzeige an die Mieter und Pächter widerrufen (Art. 153a SchKG; Art. 93 VZG) und die Ausdehnung der Pfandhaft fällt dahin.

Das Betreibungsamt stellt den Zahlungsbefehl nebst dem Schuldner auch den **mitbetriebenen Parteien** (vgl. Ziff. 1 oben) zu (Art. 153 Abs. 2 SchKG). Diese können (unabhängig vom Schuldner) selbständig **Rechtsvorschlag erheben** (Art. 152 Abs. 2bis SchKG). Erheben mehrere Personen Rechtsvorschlag, kann die Betreibung erst fortgesetzt werden, wenn sämtliche Rechtsvorschläge beseitigt sind.

§ 28 Besonderheiten bei der Verwertung

Grafik 4 gibt einen Überblick über den Ablauf der Betreibung auf Pfandverwertung (nachdem das Fortsetzungsbegehren gestellt worden ist).

Da es keine Pfändung gibt (vgl. § 26 Ziff. 1) ist das Fortsetzungsbegehen zugleich das Verwertungsbegehren.

Die **Fristen,** innert welcher der Gläubiger die Verwertung verlangen kann, sind gleich wie in der Betreibung auf Pfändung: bei Verwertung eines Faustpfandes frühestens einen Monat und spätestens ein Jahr und bei Verwertung eines Grundpfandes frühestens sechs Monate und spätestens zwei Jahre nach Zustellung des Zahlungsbefehls (Art. 154 Abs. 1 SchKG). Werden diese Fristen nicht eingehalten, dann erlischt die Betreibung (Art. 154 Abs. 2 SchKG).

In der Betreibung auf Pfandverwertung findet das **Widerspruchsverfahren** in gleicher Weise wie in der Pfändung (vgl. § 21) statt. Ausgelöst wird es, indem der Gläubiger das Verwertungsbegehren gestellt hat (Art. 155 Abs. 1 SchKG).

Die Verwertung findet grundsätzlich nach denselben Regeln statt, welche in der Betreibung auf Pfändung zur Anwendung gelangen (Art. 156 Abs. 1 SchKG; vgl. § 24). Dies gilt insbesondere für das **Deckungsprinzip** (Art. 156 Abs. 1 i.V.m. Art. 126 f. SchKG; vgl. § 24 Ziff. 3 lit. d) und den **Doppelaufruf** (Art. 156 Abs. 1 i.V.m. Art. 142 SchKG; vgl. § 24 Ziff. 3 lit. d).

Es gelten folgende **Besonderheiten** (Art. 156 Abs. 1 SchKG): Die Steigerungsbedingungen sehen vor, dass der Anteil am Zuschlagspreis, der dem betreibenden Pfandgläubiger zukommt, in Geld zu bezahlen ist, wenn die Beteiligten nichts anderes vereinbaren. Da das Pfandrecht des betreibenden Gläubigers nach Abschluss des Betreibungsverfahrens untergeht (vgl. § 30), wird bei Grundstücken die Belastung zugunsten dieses Gläubigers nach erfolgter Verwertung im Grundbuch gelöscht.

Sind vom Grundeigentümer **Eigentümer- oder Inhaberschuldbriefe zu Faustpfand begeben** worden, so werden die Schuldbriefe nach der Verwertung auf den Betrag herabgesetzt, welcher bei der Verwertung der Schuldbriefe gelöst worden ist (Art. 156 Abs. 2 SchKG). In der Betreibung auf Faustpfandverwertung (der Schuldbriefe) wird somit (teilweise) ein Grundpfandrecht (Schuldbriefforderung) vernichtet.

§ 29 Besonderheiten bei der Verteilung

Aus dem Pfanderlös werden vorab die Kosten für die Verwaltung, die Verwertung und die Verteilung bezahlt (Art. 157 Abs. 1 SchKG). Der verbleibende **Reinerlös** wird unter die Pfandgläubiger verteilt. Zu berücksichtigen sind die Forderungen, die Zinsen bis zur letzten

Verwertung und die Betreibungskosten (Art. 157 Abs. 2 SchKG). Können alle Forderungen voll befriedigt werden, braucht es weder einen Kollokationsplan noch eine Verteilungsliste.

Können nicht sämtliche Pfandgläubiger befriedigt werden, so erstellt das Betreibungsamt einen sog. Kollokationsplan und eine Verteilungsliste (Art. 157 Abs. 3 SchKG).

Im **Kollokationsplan** werden die pfandgesicherten Forderungen nach deren Rangordnung (Art. 157 Abs. 3 i.V.m. Art. 219 Abs. 2 und 3 SchKG; vgl. § 36 Ziff. 3 lit. g) aufgelistet: Die Rangordnung bemisst sich nach dem Zivilrecht. Bei grundpfandgesicherten Forderungen richtet sich die Rangfolge nach dem im Grundbuch eingetragenen Rang (Art. 972 ZGB). Der Kollokationsplan wird aufgelegt. Jeder Gläubiger erhält einen Auszug betreffend seiner Forderung (Art. 157 Abs. 4 i.V.m. Art. 147 SchKG).

Der Kollokationsplan kann in zweifacher Hinsicht **angefochten** werden: Will ein Gläubiger gegen die Behandlung (Kollokation) einer **Forderung eines anderen Gläubigers** vorgehen, so muss er innert 20 Tagen beim Gericht des Betreibungsortes Klage **(Kollokationsklage)** erheben (Art. 157 Abs. 4 i.V.m. Art. 148 Abs. 1 SchKG). Heisst das Gericht die Klage gut, so weist es den nach der Verteilungsliste auf den Beklagten entfallenden Anteil am Verwertungserlös dem Kläger zu, soweit dies zur Deckung seines gemäss Verteilungsliste ausgewiesenen Verlustes (für die Forderung des Klägers) und der Prozesskosten nötig ist. Ein Überschuss verbleibt dem Beklagten (Art. 157 Abs. 4 i.V.m. Art. 148 Abs. 3 SchKG).

Ist ein Gläubiger mit der Behandlung **seiner eigenen Forderung** nicht einverstanden, so muss er innert zehn Tagen **betreibungsrechtliche Beschwerde** bei der Aufsichtsbehörde führen (Art. 17 SchKG; vgl. § 8 Ziff. 2).

Das Betreibungsamt erstellt auch eine **Verteilungsliste.** Diese gibt basierend auf dem rechtskräftigen Kollokationsplan darüber Aufschluss, welchen Betrag (Dividende) jeder Gläubiger für seine Forderung ausbezahlt erhält. Die Verteilungsliste wird aufgelegt.

Jeder Gläubiger erhält einen Auszug betreffend seiner Forderung (Art. 157 Abs. 4 i.V.m. Art. 147 SchKG).

§ 30 Pfandausfallschein

Ein **Pfandausfall** entsteht, wenn entweder (zufolge des Deckungsprinzips; vgl. § 24 Ziff. 3 lit. d) gar keine Verwertung erfolgen konnte (vollständiger Ausfall) oder der Erlös nicht sämtliche pfandgesicherten Forderungen deckt (Art. 158 Abs. 1 SchKG).

Bei der Pfandverwertung wird nur in Pfandobjekte, nicht aber in das sonstige Vermögen des Schuldners vollstreckt (vgl. § 26 Ziff. 1). Wenn ein Pfandgläubiger aus der Verwertung «seines» Pfandobjektes einen Ausfall erleidet, bedeutet dies noch nicht, dass er am Schluss effektiv zu Verlust kommt. Es wird deshalb kein Verlust-, sondern nur ein **Pfandausfallschein** ausgestellt. Da nicht in das gesamte Vermögen des Schuldners vollstreckt wurde, hat der Pfandausfall **nur beschränkte Wirkungen.**

Nachdem das Pfandrecht durch «Gebrauch» in der Verwertung untergegangen ist (vgl. § 26 Ziff. 2), ist die ungedeckte Restforderung des Gläubigers eine ungesicherte Forderung. Für diese kann er den **Schuldner** (je nachdem, welcher Betreibung dieser unterliegt) neu **auf Pfändung oder Konkurs betreiben.** Der Pfandausfallschein gilt als **Schuldanerkennung** und berechtigt zur provisorischen Rechtsöffnung (Art. 158 Abs. 3 SchKG; vgl. § 15 Ziff. 2). Innert einem Monat kann der Gläubiger ohne neuen Zahlungsfehl Betreibung einleiten (Art. 158 Abs. 2 SchKG).

Eine neue Betreibung ist dann nicht möglich, wenn nach der Realisierung des Pfandes gar keine Forderung mehr verbleibt, weil es sich (gemäss materiellem Recht) um eine reine Sachhaftung (wie z.B. bei der Grundlast) handelte (Art. 158 Abs. 2 SchKG), so dass zivilrechtlich keine ungesicherte (Rest-)Forderung resultiert.

6. Teil: Retentionsrecht und Retentionsbetreibung

§ 31 Retentionsrecht gemäss Zivilrecht

Das Miet- und Pachtrecht gewährt dem **Vermieter bzw. Verpächter von Geschäftsräumen** in gewissem sachlichem und zeitlichem Umfang ein Retentionsrecht (Art. 268–268b, Art. 299c OR). Zudem steht der Stockwerkeigentümergemeinschaft für Beitragsforderungen ein analoges Retentionsrecht zu (Art. 712k ZGB).

Das Retentionsrecht berechtigt einerseits zum Rückbehalt gewisser Gegenstände (Art. 268b Abs. 1, Art. 299c OR; Art. 712k ZGB). Daneben ist das Retentionsrecht aber auch ein **Pfandrecht** im Sinne des SchKG (Art. 37 Abs. 2 SchKG) und damit auch ein Sicherungsrecht. Der Gläubiger (Vermieter, Verpächter, Stockwerkeigentümergemeinschaft) verfügt damit über eine pfandgesicherte Forderung.

Normalerweise sind (gemäss Zivilrecht) Pfandrechte in Bezug auf die vom Pfandrecht erfassten Gegenstände von Anfang an spezifiziert, da für bewegliche Pfandobjekte das sog. Faustpfandprinzip gilt, d.h., dem Pfandgläubiger muss der ausschliessliche Besitz an der Pfandsache zukommen (Art. 884 Abs. 1 ZGB). Bei den oben umschriebenen gesetzlichen Retentionsrechten verhält es sich anders. Die potenziellen Retentionsobjekte befinden sich im Miet-/Pachtobjekt bzw. in der Stockwerkeigentumseinheit; der Gläubiger hat keinen ausschliesslichen Besitz. Es bedarf daher einer **vorgängigen Spezifizierung** der vom Retentionsrecht erfassten Objekte.

§ 32 Aufnahme eines Retentionsverzeichnisses

Diese Spezifizierung geschieht durch Aufnahme eines sog. **Retentionsverzeichnisses.** Dieses muss spätestens mit Einleitung des Betreibungsverfahrens vom Gläubiger verlangt werden. Betreibungen ohne Retentionsurkunde sind (mangels Spezifizierung) nichtig (Art. 22 SchKG; vgl. § 8 Ziff. 3).

Zuständig für die Aufnahme des Retentionsverzeichnisses ist das **Betreibungsamt** (Art. 283 Abs. 3 SchKG). Die Aufnahme erfolgt analog den Grundsätzen bei der Aufnahme einer Pfändungsurkunde (vgl. § 20 Ziff. 2). Das Retentionsverzeichnis dient bloss der Sicherung und Vollstreckung. Die Aufnahme im Verzeichnis bewirkt einen **vollstreckungsrechtlichen Retentionsbeschlag** (gleich wie die Pfändung oder der Arrest).

Rechtstatsächliches: Pro Jahr dürften schätzungsweise etwa 2'000 bis 3'000 Retentionsurkunden aufgenommen werden.

§ 33 Betreibung

Nachdem das Retentionsverzeichnis aufgenommen worden und damit die notwendige Spezifizierung erfolgt ist (vgl. § 32), kann der Gläubiger Betreibung einleiten. Da es sich um eine pfandgesicherte Forderung handelt, kann der Gläubiger **Betreibung auf Pfandverwertung** einleiten. Die Aufnahme des Retentionsverzeichnisses verschafft bereits einen Retentionsbeschlag (vgl. § 32). Analog den Bestimmungen beim Arrest (Art. 279 SchKG; vgl. § 41) muss der Gläubiger deshalb die Betreibung bis zum Fortsetzungsbegehren zügig vorantreiben. Er muss innerhalb von jeweils zehn Tagen den nächsten Schritt im Betreibungsverfahren tun (sog. **Fortführungslast).** Unterlässt der Gläubiger dies, fällt der Retentionsbeschlag dahin (Art. 280 Ziff. 1 SchKG analog).

Das Retentionsrecht gewährt dem Gläubiger nur ein Recht; er ist nicht verpflichtet, das Retentionsrecht in Anspruch zu nehmen. Verzichtet er darauf, so kann er den Schuldner normal **auf Pfändung oder Konkurs betreiben,** um damit in das ganze Vermögen des Schuldners zu vollstrecken. In einer solchen Betreibung kann der Schuldner **nicht** (durch betreibungsrechtliche Beschwerde gegen den Zahlungsbefehl; vgl. § 26 Ziff. 3) die Einrede der Vorabverwertung der Retentionsobjekte (**beneficium excussionis realis**) erheben; diese Einrede besteht beim Retentionsrecht nicht.

§ 34 Rückschaffung entfernter Retentionsgegenstände

Der Retentionsbeschlag gemäss dem Retentionsverzeichnis kann nur für Objekte greifen, welche der Betreibungsbeamte bei der Aufnahme vorfindet, so dass er sie ins Verzeichnis aufnehmen konnte. Wurden Vermögensobjekte früher entfernt, geht ein Retentionsverzeichnis (diesbezüglich) ins Leere.

Sofern **Gegenstände heimlich oder gewaltsam fortgeschafft worden** sind, kann der Gläubiger innert zehn Tagen seit der Fortschaffung beim Betreibungsamt die **Rückschaffung** der entfernten Gegenstände verlangen. Soweit notwendig kann polizeiliche Hilfe beansprucht werden (Art. 268b Abs. 2, Art. 299c OR; Art. 712k ZGB; Art. 284 SchKG). Zweck der Rückschaffung ist es, nachfolgend in Bezug auf die zurückgeschafften Objekte das Retentionsverzeichnis aufzunehmen.

Rechte gutgläubiger Dritter bleiben bei der Rückschaffung vorbehalten. Bei Streit über die Rückschaffung entscheidet der Richter (Art. 284 SchKG).

7. Teil: Konkurs

§ 35 Wege zur Konkurseröffnung

Der Konkurs kann auf verschiedenen Wegen eröffnet werden: im Zuge einer ordentlichen Konkursbetreibung (vgl. Ziff. 1 unten), zufolge Wechselbetreibung (vgl. Ziff. 2 unten) oder ohne vorgängige Betreibung (vgl. Ziff. 3 unten). Wenn der Konkurs einmal eröffnet worden ist, läuft er nach denselben Regeln ab, unabhängig davon, wie der Konkurs eröffnet worden ist.

Rechtstatsächliches: Pro Jahr werden zwischen 13'000 und 14'000 Konkurse eröffnet. Davon entfallen zwischen 50 % und 55 % auf Privatpersonen (natürliche Personen) und 45 % bis 50 % auf Gesellschaften (juristische Personen). Bei juristischen Personen ist das Risiko, in den ersten fünf Jahren nach der Gesellschaftsgründung Konkurs zu gehen, gross (ca. 50 %).

1. Ordentliche Konkursbetreibung

a) Der Konkursbetreibung unterliegende Schuldner

Der Konkursbetreibung unterliegt, wer in einer bestimmten Eigenschaft im **Handelsregister eingetragen ist.** Dies gilt für sämtliche **juristische Personen** (Verein, Stiftung, Aktien- und Kommanditaktiengesellschaft, GmbH; Art. 39 Abs. 1 Ziff. 8–12 SchKG).

Dies gilt auch für die Kollektiv- und Kommanditgesellschaften (Art. 39 Abs. 1 Ziff. 6 und 7 SchKG). Auch die **Investmentgesellschaft mit variablem Kapital** und die **Kommanditgesellschaft für kollektive Kapitalanlagen unterliegen der Konkursbetreibung** (Art. 39 Abs. 1 Ziff. 13 und 14 SchKG).

Als **natürliche Person** unterliegt der Konkursbetreibung, wer im Handelsregister als Inhaber einer Einzelfirma, Mitglied einer Kollektivgesellschaft, Komplementär einer Kommanditgesellschaft oder als Mitglied der Verwaltung einer Kommanditaktiengesellschaft eingetragen ist (Art. 39 Abs. 1 Ziff. 1–4 SchKG).

b) Ausnahmen von der Konkursbetreibung

Auch wenn der Schuldner an sich der Konkursbetreibung unterliegen würde, ist die Konkursbetreibung für bestimmte Arten von Forderungen **ausgeschlossen** (und es findet damit die Pfändung Anwendung; Art. 43 SchKG), nämlich für:

- öffentlichrechtliche Ansprüche wie Steuern, Abgaben, Gebühren etc.,
- Prämien der obligatorischen Unfallversicherung,
- periodische familienrechtliche Unterhalts- und Unterstützungsbeiträge sowie Unterhaltsbeiträge nach Partnerschaftsgesetz,
- Ansprüche auf Sicherheitsleistung.

Wenn der Konkurs auf Betreibung eines anderen Gläubigers eröffnet worden ist, können auch solche Forderungen im Konkursverfahren geltend gemacht werden.

c) Verfahren der Konkurseröffnung

Nach Zugang des Fortsetzungsbegehrens (vgl. § 17) droht das Betreibungsamt dem Schuldner den Konkurs an (Art. 159 SchKG). In der **Konkursandrohung** wird dem Schuldner mitgeteilt, dass der Gläubiger innert 20 Tagen das Konkursbegehren stellen kann und dass der Schuldner innert zehn Tagen betreibungsrechtliche Beschwerde führen muss, wenn er die Zulässigkeit der Konkursbetreibung bestreiten will (Art. 160 Abs. 1 SchKG).

Das Konkursgericht kann auf Verlangen des Gläubigers, sofern es zur Sicherung geboten erscheint, ein **Güterverzeichnis** anordnen

(Art. 162 SchKG). Für den Vollzug ist das Betreibungsamt zuständig (Art. 163 SchKG). Das Güterverzeichnis bewirkt ein Verfügungsverbot für den Schuldner (Art. 164 SchKG). Es erlischt von Gesetzes wegen vier Monate nach der Erstellung (Art. 165 Abs. 2 SchKG).

Rechtstatsächliches: Es werden (vor allem wegen der beschränkten Wirkung) sehr wenig Güterverzeichnisse aufgenommen.

Nach Ablauf von 20 Tagen nach Zustellung der Konkursandrohung kann der Gläubiger **beim Konkursgericht** das **Konkursbegehren** stellen. Dieses Recht erlischt 15 Monate nach Zustellung des Zahlungsbefehls (Art. 166 SchKG). Zieht der Gläubiger das Konkursbegehren zurück, kann er es erst nach einem Monat erneuern (Art. 167 SchKG). Es findet eine Verhandlung über die Konkurseröffnung statt (Art. 168 SchKG).

Wer das Konkursbegehren stellt, **haftet für die Kosten des Konkursverfahrens** bis zur Einstellung mangels Aktiven (vgl. § 37 Ziff. 1 lit. a) bzw. bis zum Schuldenruf. Das Gericht kann vom Gläubiger einen entsprechenden **Kostenvorschuss** verlangen (Art. 169 SchKG). Das Gericht entscheidet ohne Aufschub und eröffnet grundsätzlich den Konkurs, es sei denn, es weise das Konkursbegehren ab oder setze den Entscheid aus (Art. 171 SchKG).

Das Konkursgericht **weist das Konkursbegehren ab,** wenn die Konkursandrohung von der Aufsichtsbehörde aufgehoben ist, dem Schuldner die Wiederherstellung einer Frist (vgl. § 9) oder ein nachträglicher Rechtsvorschlag (Art. 77 SchKG) bewilligt worden ist oder er durch Urkunden beweist, dass die Schuld samt Zinsen und Kosten getilgt ist oder der Gläubiger ihm Stundung gewährt hat (Art. 172 SchKG).

Das Konkursgericht **setzt den Entscheid über den Konkurs aus,** wenn die Aufsichtsbehörde oder das Gericht (Art. 85/85a SchKG) die Einstellung der Betreibung verfügt hat oder im vorausgegangenen Betreibungsverfahren eine nichtige Verfügung erlassen worden ist (Art. 173 SchKG). Das Konkursgericht kann den Entscheid auch dann aussetzen, wenn ein Gesuch um Nachlassstundung hängig ist (vgl. § 53 Ziff. 1) oder Anhaltspunkte für das Zustandekommen eines Nachlassvertrages bestehen (Art. 173a SchKG).

Der Entscheid des Konkursgerichts kann innert zehn Tagen mit **Beschwerde gemäss ZPO** angefochten werden. Die Beschwerde hat nur auf Anordnung des Gerichts aufschiebende Wirkung (Art. 174 Abs. 3 SchKG). Die Parteien können **neue Tatsachen** geltend machen, wenn diese vor dem erstinstanzlichen Entscheid eingetreten sind (Art. 174 Abs. 1 SchKG; sog. unechte Noven). Die Rechtsmittelinstanz kann die Konkurseröffnung aufheben, wenn der Schuldner seine Zahlungsfähigkeit glaubhaft macht und durch Urkunden beweist, dass inzwischen die Schuld samt Zinsen und Kosten getilgt ist, der geschuldete Betrag hinterlegt ist oder der Gläubiger auf die Durchführung des Konkurses verzichtet (Art. 174 Abs. 2 SchKG).

Das Gericht stellt den **Zeitpunkt der Konkurseröffnung** im Entscheid fest. Ab diesem Zeitpunkt gilt der Konkurs als eröffnet (Art. 175 SchKG). Das Gericht teilt den Entscheid dem Betreibungs-, Konkurs-, Handelsregister- und Grundbuchamt mit (Art. 176 Abs. 1 SchKG). Das Konkursamt macht die Konkurseröffnung **öffentlich bekannt,** sobald feststeht, ob der Konkurs (im ordentlichen oder summarischen Verfahren; vgl. § 37 Ziff. 2 lit. b) durchgeführt werden kann (Art. 232 Abs. 1 SchKG).

Rechtstatsächliches: Der Grossteil der Konkurseröffnungen erfolgt gläubigerseits durch ordentliche Konkursbetreibung.

2. Wechselbetreibung

Die Wechselbetreibung findet für Forderungen statt, welche auf einem **Wechsel** oder **Check** gründen (Art. 177 Abs. 1 SchKG). Da die Wechselbetreibung zum Konkurs führt, muss der Schuldner der

Konkursbetreibung (Art. 39 SchKG; vgl. § 35 Ziff. 1 lit. a) unterliegen (Art. 177 Abs. 1 SchKG).

Beim Wechsel bzw. Check handelt es sich um Wertpapiere. Ausdruck der sog. formellen Wechselstrenge ist, dass der Konkurs rascher herbeigeführt werden kann. Die **Zahlungsfrist** im Zahlungsbefehl beträgt nur **fünf Tage** (Art. 178 Abs. 2 Ziff. 2 SchKG). Auch die Frist, um **Rechtsvorschlag** zu erheben, beträgt nur **fünf Tage.** Zudem muss der Schuldner seinen **Rechtsvorschlag schriftlich begründen** (Art. 179 Abs. 1 SchKG).

Der **Rechtsvorschlag** entfaltet für sich noch keine Wirkung. Er **muss vom Richter bewilligt werden,** um wirksam zu sein. Zu diesem Zweck legt das Betreibungsamt den Rechtsvorschlag von Amtes wegen unverzüglich dem Gericht des Betreibungsortes vor (Art. 181 SchKG). Das Gericht kann den Rechtsvorschlag nur in vier Fällen bewilligen:

1. wenn durch Urkunden bewiesen wird, dass die Schuld bezahlt, nachgelassen oder gestundet ist,
2. die Fälschung des Titels glaubhaft gemacht ist,
3. eine aus dem Wechsel- oder Checkrecht hervorgehende Einrede begründet erscheint oder
4. eine andere gemäss Art. 1007 OR zulässige Einrede glaubhaft gemacht wird; in diesem Fall muss aber die Forderungssumme in Geld oder Wertschriften hinterlegt oder gleichwertige Sicherheit geleistet werden (Art. 182 SchKG).

Der Entscheid kann innert fünf Tagen mit **Beschwerde nach ZPO** angefochten werden (Art. 185 SchKG).

Wird der **Rechtsvorschlag bewilligt,** so wird die Betreibung eingestellt. Der Gläubiger hat dann zur Geltendmachung seines Anspruches den ordentlichen Prozessweg zu beschreiten (Art. 186 SchKG).

Wird kein **Rechtsvorschlag** erhoben oder wird dieser **nicht bewilligt,** so kann der Gläubiger direkt (d.h., ohne dass noch eine Konkursandrohung ergehen würde) das Konkursbegehren stellen

(Art. 188 Abs. 1 SchKG). Dieses Recht erlischt aber mit Ablauf eines Monats seit der Zustellung des Zahlungsbefehls (Art. 188 Abs. 2 SchKG).

Rechtstatsächliches: Wechselbetreibungen sind selten.

3. Konkurseröffnung ohne vorgängige Betreibung

Der Konkurs kann in vier Fällen ohne vorgängige Betreibung eröffnet werden. Zuständig ist das Konkursgericht. Die Vorschriften der ordentlichen Konkursbetreibung in Bezug auf die Haftung für Konkurskosten (Art. 169 SchKG), die Aussetzung des Konkurseröffnungsentscheids (Art. 173a SchKG), den Weiterzug (Art. 174 SchKG), den Zeitpunkt der Konkurseröffnung (Art. 175 SchKG) und die Mitteilung an die Ämter (Art. 176 SchKG) gelten gleichermassen (Art. 194 SchKG).

a) Auf Antrag eines Gläubigers (Art. 190 SchKG)

Ein Gläubiger kann die sofortige Konkurseröffnung verlangen (Abs. 1):

1. gegen einen Schuldner, dessen Aufenthaltsort unbekannt ist oder der die **Flucht ergriffen** hat, um sich seinen Verbindlichkeiten zu entziehen, oder der **betrügerische Handlungen begangen** hat oder zu begehen versucht oder der bei der Pfändung **Bestandteile seines Vermögens verheimlicht** hat (Ziff. 1),
2. gegen einen der Konkursbetreibung unterliegenden Schuldner (Art. 39 SchKG; vgl. § 35 Ziff. 1 lit. a), der seine **Zahlungen eingestellt** hat (Ziff. 2).

b) Auf Antrag des Schuldners (Art. 191 SchKG)

Der Schuldner kann die Konkurseröffnung selber beantragen, indem er sich beim Konkursgericht **zahlungsunfähig erklärt**

(Abs. 1). Unterliegt der Schuldner nicht der Betreibung auf Konkurs (Art. 39 SchKG; vgl. § 35 Ziff. 1 lit. a), so eröffnet das Gericht den Konkurs nur, wenn keine Aussicht auf eine einvernehmliche private Schuldenbereinigung (Art. 333 ff. SchKG; vgl. § 58) besteht (Abs. 2), welche einem Konkurs vorgeht.

Für eine natürliche Person, welche ansonsten der Betreibung auf Pfändung unterliegen würde, hat das Konkursverfahren **verschiedene Vorteile:**

- Alle Pfändungen (vor allem Lohnpfändungen) fallen mit Konkurseröffnung dahin (vgl. § 36 Ziff. 2 lit. a),
- der Schuldner kann sofort (mit Konkurseröffnung) über seinen vollen Arbeitserwerb verfügen (vgl. § 36 Ziff. 2 lit. a) und
- er kann nach Abschluss des Verfahrens (für Konkursverlustscheinforderungen) nur wieder erfolgreich betrieben werden, wenn er zu sog. neuem Vermögen gekommen ist (vgl. § 37 Ziff. 10 lit. b); d.h., er wird nicht auf Dauer (allenfalls über Jahre) auf das Existenzminimum verwiesen.

Rechtstatsächliches: Rund 75 % aller Privatpersonen, welche Konkurs anmelden, sind Männer. Dabei spielt die Inanspruchnahme von Privatkrediten eine wichtige Rolle. Die Verschuldung beträgt im Schnitt (Medianwert) rund CHF 55'000. Die durchschnittliche Dividende im Privatkonkurs beträgt weniger als 1 %!

Auch eine **juristische Person** kann sich zahlungsunfähig erklären. Sie braucht dafür keine von der Revisionsstelle testierte Zwischenbilanz (wie gemäss Art. 725 Abs. 2 OR), was Kosten spart. Es braucht aber einen Auflösungsbeschluss der Eigner.

c) Von Gesetzes wegen (Art. 192 SchKG)

Der Konkurs wird ohne vorgängige Betreibung von Amtes wegen eröffnet, wenn es das Gesetz so vorsieht.

Zum einen auferlegt das Gesellschaftsrecht den Exekutivorganen von Kapitalgesellschaften und Genossenschaften die Pflicht, bei Überschuldung den Richter anzurufen (Art. 725, Art. 764 Abs. 2, Art. 820, Art. 903 OR). Der Richter verlangt in der Regel eine testierte Zwischenbilanz zu Fortführungs- und Liquidationswerten.

Zum anderen sieht das Nachlassvertragsrecht verschiedentlich vor, dass der Richter von Amtes wegen den Konkurs eröffnen muss (Art. 296a, Art. 309 SchKG; vgl. § 53 Ziff. 1 lit. b/aa und § 54 Ziff. 4 lit. a)

d) Bei Erbschaften (Art. 193 SchKG)

Das Gericht ordnet auf Benachrichtigung der zuständigen Behörde in zwei Fällen die konkursamtliche Liquidation an: Zum einen, wenn die Erben die **Erbschaft ausgeschlagen** haben oder die Ausschlagung zu vermuten ist (Art. 566 ff., Art. 573 ZGB; Art. 193 Abs. 1 Ziff. 1 SchKG). Zum anderen, wenn eine **Erbschaft,** für welche eine amtliche Liquidation verlangt oder angeordnet worden ist, sich als **überschuldet** erweist (Art. 597 ZGB; Art. 193 Abs. 1 Ziff. 2 SchKG). In diesen Fällen kann auch ein Gläubiger oder Erbe die konkursamtliche Liquidation verlangen (Art. 193 Abs. 3 SchKG).

Rechtstatsächliches: Konkurse über Erbschaften stellen einen wesentlichen Teil der durchgeführten Konkursverfahren über natürliche Personen dar (rund 80%).

4. Konkursverfahren ohne Konkurseröffnung

Das Zivilrecht sieht vor, dass juristische Personen (Verein, Stiftung, AG, GmbH, Genossenschaft) zufolge von **Organisationsmängeln** aufgelöst und nach den Bestimmungen des Konkurses liquidiert werden (Art. 69c, Art. 83d ZGB; Art. 731b Abs. 1 Ziff. 3, Art. 819, Art. 908 OR). Dies führt zu einem Konkursverfahren ohne Konkurseröffnung. Das Konkursverfahren wird jedoch nach den gewöhnlichen konkursrechtlichen Bestimmungen abgewickelt.

Rechtstatsächliches: Bei den Konkursverfahren über juristische Personen entfallen zwischen 10 % und 15 % auf solche zufolge Organisationsmängel.

5. Widerruf des Konkurses (Art. 195 SchKG)

Das Konkursgericht widerruft den Konkurs, wenn (i) der Schuldner nachweist, dass er sämtliche Forderungen getilgt hat, (ii) er von jedem Gläubiger eine schriftliche Erklärung vorlegt, dass dieser seine Konkurseingabe zurückzieht, oder (iii) ein Nachlassvertrag zustande gekommen ist (Abs. 1).

§ 36 Konkursrecht

1. Allgemeines

Konkurs ist eine (die häufigste) Form der **Generalexekution** (vgl. § 3). Dies bedeutet, dass sämtliche Aktiven des Schuldners dazu verwendet werden, sämtliche Gläubiger gemeinschaftlich zu befriedigen; soweit dies die Aktiven erlauben. Anders als bei der Betreibung auf Pfändung, spielt es keine Rolle, welcher Gläubiger zuerst tätig geworden ist. Auch derjenige Gläubiger, welcher den Konkurs bewirkt hat, hat keine Vorrechte. Es gilt (vorbehältlich gesetzlicher Ausnahmen; Art. 219 Abs. 4; vgl. Ziff. 3 lit. g unten) der **Grundsatz der Gleichbehandlung der Gläubiger.**

Der Schuldner wird ab Konkurseröffnung als **Gemeinschuldner** oder **Konkursit** bezeichnet.

2. Wirkungen des Konkurses auf das Vermögen des Schuldners

a) Konkursmasse

Als Konkursmasse gilt die Gesamtheit der Aktiven des Schuldners, unabhängig davon, wo sich diese befinden. Damit werden auch im Ausland belegene Vermögenswerte erfasst. Die Konkursmasse dient der gemeinschaftlichen Befriedigung aller Gläubiger (Art. 197 Abs. 1 SchKG). Zur Konkursmasse gehören auch **Pfandobjekte;** die Pfandgläubiger behalten aber ihr Vorrecht, indem sie aus dem Pfanderlös vorab befriedigt werden (Art. 198 SchKG).

Auch von Gläubigern im Rahmen einer Spezialexekution **gepfändete** oder **mit Arrest belegte Vermögensobjekte** fallen in die Konkursmasse, soweit die Verwertung noch nicht stattgefunden hat (Art. 199 Abs. 1 SchKG). Soweit im Rahmen einer Pfändung oder Pfandverwertung schon Barbeträge vorliegen, fallen diese **nicht** in die Konkursmasse, sondern werden noch nach den Regeln der Pfändung bzw. Pfandverwertung verteilt (Art. 199 Abs. 2 SchKG). Auch **Anfechtungsansprüche** (Art. 285 ff. SchKG; vgl. § 45 ff.) fallen in die Masse (Art. 200 SchKG).

In zeitlicher Hinsicht gehören alle Vermögenswerte zur Konkursmasse, welche dem Schuldner zur Zeit der Konkursmasse gehören (Art. 197 Abs. 1 SchKG). Was dem Schuldner bis zum Abschluss des Verfahrens «**anfällt**», gehört ebenfalls zur Konkursmasse (Art. 197 Abs. 2 SchKG). Als angefallen gelten Werte, die sich der Schuldner nicht erarbeiten musste. Der **Arbeitserwerb gehört** dementsprechend **nicht zur Konkursmasse.** Der Schuldner kann darüber sofort frei verfügen.

Zur Masse gehört nur, **was pfändbar** ist (Art. 197 Abs. 1 SchKG). Unpfändbare (Art. 92 SchKG) oder beschränkt pfändbare Objekte (Art. 93 SchKG) fallen nicht in die Masse. Soweit eine Ab- oder Aussonderung möglich ist (vgl. § 37 Ziff. 5 lit. b), gehören Vermögensstücke nicht zur Masse.

b) Verfügungsunfähigkeit des Schuldners (Art. 204 SchKG)

Mit Konkurseröffnung verliert der Schuldner die Verfügungsfähigkeit über sein Vermögen. Wenn er nach Konkurseröffnung Rechtshandlungen vornimmt in Bezug auf Vermögen, das zur Konkursmasse gehört, so sind diese den Gläubigern gegenüber vollstreckungsrechtlich ungültig (Abs. 1). Zivilrechtlich sind die Handlungen gültig.

Hat der Schuldner nach Konkurseröffnung, aber vor deren öffentlicher Bekanntmachung einen auf ihn **gezogenen Wechsel bei Verfall bezahlt,** so ist die Zahlung gültig, wenn der Wechselinhaber von der Konkurseröffnung keine Kenntnis hatte (Abs. 2).

c) Zahlungen an den Schuldner (Art. 205 SchKG)

Forderungen, welche zur Aktivmasse gehören, können nach Konkurseröffnung nicht mehr durch Zahlung an den Schuldner getilgt werden. Den Konkursgläubigern gegenüber erfolgt nur im Umfang Befreiung, als das Geleistete in die Konkursmasse gelangt (Abs. 1). Erfolgte die Zahlung jedoch vor der öffentlichen Bekanntmachung der Konkurseröffnung, so ist der Leistende befreit, wenn ihm die Konkurseröffnung nicht bekannt war (Abs. 2).

d) Betreibungen (Art. 206 SchKG)

Der Konkurs als Generalexekution verdrängt alle Spezialexekutionen (vgl. § 3). Alle gegen den Schuldner **hängigen Betreibungen** sind mit Konkurseröffnung **aufgehoben.** Neue Betreibungen für Forderungen, welche zur Passivmasse gehören (sog. Konkursforderungen), können während des Konkursverfahrens nicht eingeleitet werden (Abs. 1).

Ausgenommen sind Betreibungen auf Verwertung von Pfändern, welche von Dritten bestellt worden sind (Abs. 1). Die Betreibung richtet sich in diesem Fall auch gegen den Schuldner (vgl. § 27

Ziff. 1). Da aber in das Vermögen des Dritten vollstreckt wird, kann die Betreibung trotz Konkurs des Gemeinschuldners abgewickelt werden.

Forderungen, die nach Konkurseröffnung entstanden sind, sind keine Konkursforderungen. Es handelt sich entweder um **Masseverbindlichkeiten** (wenn die Entstehung auf Handlungen der Konkursverwaltung zurückgehen) oder um Forderungen gegen den Gemeinschuldner persönlich (vgl. § 37 Ziff. 6 lit. a). Für Masseverbindlichkeiten kann während des Konkursverfahrens die Betreibung auf Pfändung oder Pfandverwertung fortgesetzt werden (Abs. 2). Die Betreibung richtet sich in diesem Fall gegen die Konkursmasse.

e) Einstellung von Zivilprozessen und Verwaltungsverfahren (Art. 207 SchKG)

Mit Ausnahme von dringlichen Fällen werden **Zivilprozesse,** welche bei Konkurseröffnung rechtshängig sind, bei denen der Schuldner Partei ist und die den Bestand der Konkursmasse berühren, **von Gesetzes wegen eingestellt.** Sie können im ordentlichen Konkursverfahren (vgl. § 37 Ziff. 2) frühestens zehn Tage nach der zweiten Gläubigerversammlung (vgl. § 37 Ziff. 7) und im summarischen Konkursverfahren (vgl. § 37 Ziff. 2 lit. b) frühestens 20 Tage nach der Auflegung des Kollokationsplans wieder aufgenommen werden (Abs. 1).

Unter denselben Voraussetzungen können **Verwaltungsverfahren** eingestellt werden (Abs. 2). Hier erfolgt die Einstellung durch **(Ermessens-)Entscheid der Verwaltungsbehörde.**

Während der Einstellung von Prozessen bzw. Verfahren stehen Verjährungs- und Verwirkungsfristen still (Abs. 3). Keine Einstellung tritt ein, wenn es um Entschädigungsklagen wegen Ehr- und Körperverletzungen oder um familienrechtliche Prozesse geht (Abs. 4).

3. Wirkungen des Konkurses auf die Rechte der Gläubiger

Die Konkurseröffnung über den Schuldner hat weitreichende Auswirkungen auf die Rechte der Gläubiger.

a) Konkursforderungen

In einem Konkursverfahren können nur **drei Arten von Forderungen** geltend gemacht werden: die Hauptforderung, Vertrags- und Verzugszinsen sowie Betreibungskosten (Art. 208 Abs. 1 SchKG). Sonstige Forderung (wie etwa Mahnspesen) können nur geltend gemacht werden, wenn sie ausdrücklich vereinbart worden sind. Auch Vertreterkosten kann der Gläubiger nicht geltend machen (Art. 27 Abs. 2 SchKG).

Konkursforderungen sind Forderungen gegenüber dem Gemeinschuldner, welche vor Konkurseröffnung entstanden sind. Sofern ein **Dauerschuldverhältnis** im Zeitpunkt des Konkurses nicht gekündigt ist, können ab Konkurseröffnung Ansprüche höchstens bis zum nächsten möglichen Kündigungstermin oder bis zum Ende der festen Vertragsdauer als Konkursforderung geltend gemacht werden. Der Gläubiger muss sich sodann allfällige Vorteile, die er für diese Dauer erlangt hat, anrechnen lassen (Art. 211a Abs. 1 SchKG).

Der Konkurs bewirkt gegenüber der Konkursmasse die **Fälligkeit** aller Verpflichtungen des Schuldners. Ausgenommen sind die grundpfandgesicherten Forderungen (Art. 208 Abs. 1 SchKG). Auf noch ansonsten (noch) nicht fälligen Forderungen ist zufolge der vorzeitigen Fälligkeit ein Abschlag (Diskont) von 5 % zu machen (Art. 208 Abs. 2 SchKG).

Mit Konkurseröffnung **hört** gegenüber dem Schuldner der **Zinsenlauf auf** (Art. 209 Abs. 1 SchKG). Für pfandgesicherte Forderungen läuft der Zins jedoch bis zur Verwertung weiter, sofern und soweit der Pfanderlös die Kapitalforderung und den Zins bis zur Konkurseröffnung übersteigt (Art. 209 Abs. 2 SchKG).

b) Bedingte Forderungen

Forderungen unter **aufschiebender Bedingung** werden im vollen Betrag zugelassen. Der Gläubiger ist jedoch zum Bezug der auf seine Forderung entfallende Dividende nur berechtigt, wenn die Bedingung bis zur Auszahlung der Dividende eingetreten ist (Art. 210 Abs. 1 SchKG).

Forderungen unter **auflösender Bedingung** werden ebenfalls im vollen Betrag zugelassen und auch ausbezahlt; die Auszahlung erfolgt aber unter einem Rückzahlungsvorbehalt, wenn die Bedingung später noch eintreten sollte.

c) Umwandlung von Forderungen

Im Konkurs werden alle Aktiven versilbert. Ansprüche können nur noch in Geld beglichen werden. Darum werden alle **Forderungen, welche nicht eine Geldzahlung** (sondern z.B. eine Sach- oder Dienstleistung) zum Gegenstand haben, **in eine Geldforderung** von entsprechendem Wert **umgewandelt** (Art. 211 Abs. 1 SchKG). In analoger Anwendung werden **Fremdwährungsforderungen** in solche in Schweizer Franken umgewandelt; und zwar zum Kurs per Konkurseröffnung. Massgeblich sind die Kurse unter www.fxtop.com.

d) Auswirkungen auf Vertragsverhältnisse/ Vertragseintritt

In Bezug auf **gewisse** Vertragsverhältnisse sieht das Zivilrecht vor, dass diese mit Konkurseröffnung über eine Vertragspartei **aufgelöst** werden (Art. 211 Abs. 3 SchKG; Art. 297a, Art. 405 Abs. 1, Art. 418s Abs. 1, Art. 518 Abs. 3, Art. 545 Abs. 1 Ziff. 3 OR). Dies ist jedoch die Ausnahme.

Ein Verkäufer, welcher dem Schuldner (als Käufer) die verkaufte Sache vor der Konkurseröffnung übergeben hat, kann nicht mehr vom **Kaufvertrag** zurücktreten und die Sache zurückfordern, auch wenn er sich dies ausdrücklich vorbehalten hat (Art. 212 SchKG). Denn in diesem Fall würde die Masse (durch Aussonderung der Kaufsache) geschmälert.

Ansonsten kann die Gegenpartei zivilrechtliche **Kündigungs- oder Rücktrittsrechte** auch noch im Konkurs über den Gemeinschuldner ausüben.

Die Konkursverwaltung kann jedoch erklären, zweiseitige Verträge, die bei Konkurseröffnung nicht oder nur teilweise erfüllt sind, zu erfüllen (sog. **«Vertragseintritt»).** In diesem Fall muss auch die Gegenpartei erfüllen. Ihre Ansprüche gegen die Masse werden aber zu **Masseverbindlichkeiten** (vgl. § 37 Ziff. 6 lit. a). Dies gilt für Forderungen aus Dauerschuldverhältnissen nur soweit, als die Konkursmasse die entsprechenden Leistungen in Anspruch genommen (d.h. konsumiert) hat (Art. 211a Abs. 2 SchKG). Es liegt ein partieller «Vertragseintritt» vor. Die Gegenpartei kann verlangen, dass ihr die Erfüllung von der Masse sichergestellt wird (Art. 211 Abs. 2 SchKG).

Bei **Fix- und gewissen Finanzgeschäften** kann die Konkursverwaltung den «Vertragseintritt» nicht erklären, sofern der Wert der vertraglichen Leistungen aufgrund von Markt- oder Börsenpreisen bestimmbar ist. Diese Geschäfte werden **von Gesetzes wegen liquidiert.** Die Abrechnung erfolgt nach der Differenzmethode (Art. 211 Abs. 2bis SchKG).

e) Verrechnung

Die Konkurseröffnung steht einer **Verrechnung** grundsätzlich nicht entgegen (Art. 123 Abs. 1 OR; Art. 213 Abs. 1 SchKG). Sie wird sogar erleichtert: Zum einen werden Real- in Geldforderungen umgewandelt (Art. 211 Abs. 1 SchKG; vgl. Ziff. 3 lit. c oben). Zum anderen bewirkt der Konkurs die sofortige Fälligkeit (Art. 208 SchKG).

Die Verrechnung ist jedoch **ausgeschlossen,** wenn:

- ein Schuldner erst nach der Konkurseröffnung Gläubiger oder ein Gläubiger erst nachher Schuldner des Gemeinschuldners wird; ausgenommen ist im ersten Fall, wenn eine Ablösung einer Pfandsicherheit durch den Drittpfandbesteller erfolgt (Art. 213 Abs. 2 Ziff. 1 und 2 SchKG),
- im Konkurs einer Kapitalgesellschaft, einer Genossenschaft oder einer Kommanditgesellschaft **Kapitaleinzahlungen** oder Beiträge an die Genossenschaft geschuldet sind (Art. 213 Abs. 4 SchKG).

Die Verrechnung mit **Forderungen aus Inhaberpapieren** ist zulässig, wenn der Gläubiger nachweist, dass er sie im guten Glauben vor der Konkurseröffnung erworben hat (Art. 213 Abs. 3 SchKG).

Die Verrechnung der Gegenpartei ist **anfechtbar,** wenn ein Schuldner des Gemeinschuldners vor der Konkurseröffnung, aber in Kenntnis dessen Zahlungsunfähigkeit eine Forderung diesem gegenüber erworben hat, um sich oder einem andren durch die Verrechnung einen Vorteil zu verschaffen (Art. 214 SchKG). Dies wäre etwa der Fall, wenn er eine Konkursforderung erwirbt, um damit verrechnen zu können und nicht selbst leisten zu müssen. Anders als bei der (paulianischen) Anfechtung gemäss Art. 285 ff. SchKG (vgl. § 45) ist hier die Handlung (Verrechnung) eines Dritten und nicht des Schuldners Objekt der Anfechtung.

f) Mitverpflichtungen des Schuldners

Soweit der Schuldner neben Dritten für Forderungen von Gläubigern mitverpflichtet ist, greifen im Konkurs besondere Regeln Platz, welche teilweise das Zivilrecht modifizieren.

Forderungen aus Bürgschaften können im Konkurs über den Schuldner (Bürgen) auch dann geltend gemacht werden, wenn sie noch nicht fällig sind (Art. 215 Abs. 1 SchKG). Die Konkursmasse tritt für den von ihr bezahlten Betrag in die Rechte des Gläubigers gegen den Hauptschuldner und den Mitbürgen ein. Wenn jedoch auch über den Hauptschuldner oder einen Mitbürgen der Konkurs eröffnet wird, so finden die Art. 216 und 217 Anwendung.

Wenn **über mehrere Mitverpflichtete gleichzeitig der Konkurs eröffnet** worden ist, so kann der Gläubiger seine Forderung **in jedem Konkurs im vollen Betrag** eingeben (Art. 216 Abs. 1 SchKG). Solange der Gesamtbetrag der Zuteilungen (Dividendenzahlungen) den vollen Betrag der Forderung nicht erreicht, haben die Massen wegen der geleisteten Zahlungen keinen Rückgriff gegeneinander (Art. 216 Abs. 3 SchKG). Ergeben die Zuteilungen aus den verschiedenen Konkursmassen mehr als den Betrag der ganzen Forderung, so fällt der Überschuss nach Massgabe des unter den Mitverpflichteten bestehenden Rückgriffsrechts an die Massen zurück (Art. 216 Abs. 2 SchKG).

Wenn ein Gläubiger von einem Mitverpflichteten für seine Forderung eine **Teilzahlung** erhalten hat, so wird er gleichsam im Konkurs eines anderen Mitverpflichteten mit dem vollen Forderungsbetrag kolloziert. Dies gilt unbesehen davon, ob der Mitverpflichtete gegen den Schuldner rückgriffsberechtigt ist oder nicht (Art. 217 Abs. 1 SchKG). Das Recht, die Forderung im Konkurs einzugeben, steht dem Gläubiger und dem Mitverpflichteten zu (Art. 217 Abs. 2 SchKG). Der auf die Forderung entfallende Anteil an der Konkursmasse kommt dem Gläubiger bis zu seiner vollständigen Befriedigung zu. Aus dem Überschuss erhält der rückgriffsberechtigte Mitverpflichtete den Betrag, den er bei selbständiger Geltendmachung des Rückgriffsrechts erhalten würde. Der Rest verbleibt der Konkursmasse (Art. 217 Abs. 3 SchKG).

Wenn über eine **Kollektivgesellschaft und einen Teilhaber gleichzeitig der Konkurs eröffnet worden ist,** so können die Gesellschaftsgläubiger im Konkurs des Teilhabers nur den im Konkurs der Gesellschaft unbezahlt gebliebenen Rest der Forderung geltend machen. Hinsichtlich der Zahlung der Restschuld durch die einzelnen Gesellschafter gelten die Bestimmungen der Art. 216 und Art. 217 (Art. 218 Abs. 1 SchKG).

Wenn über einen **Teilhaber,** nicht aber gleichzeitig über die Gesellschaft der **Konkurs eröffnet** worden ist, so können die Gesellschaftsgläubiger im Konkurs des Teilhabers ihre Forderungen im vollen Betrag geltend machen (Art. 568 Abs. 3 OR). Der Konkursmasse stehen die gemäss Art. 215 der Konkursmasse des Bürgen gewährten Rückgriffsrechte zu (Art. 218 Abs. 2 SchKG). Dies gilt sinngemäss auch für Komplementäre bei der Kommanditgesellschaft (Art. 604 OR; Art. 218 Abs. 3 SchKG).

g) Rangordnung der Konkursforderungen

Pfandgesicherte und ungesicherte Forderungen sind unterschiedlich zu behandeln: Die **pfandgesicherten Forderungen** werden aus dem **Erlös** der Verwertung **des Pfandobjektes** vorweg bezahlt (Art. 891 ZGB; Art. 219 Abs. 1 SchKG). Haften mehrere Pfandobjekte für dieselbe Forderung, so werden die daraus resultierenden Pfanderlöse im Verhältnis ihrer Höhe zur Deckung der Forderung verwendet (Art. 219 Abs. 2 SchKG). Der **Rang** der grundpfandgesicherten Forderung und der Umfang der Pfandsicherung für Zinsen und Nebenforderungen bestimmt sich nach den Vorschriften des ZGB über das Grundpfand (Art. 219 Abs. 3 SchKG).

Die **ungesicherten** sowie der ungedeckte Betrag der pfandgesicherten **Forderungen** (Pfandausfall) werden in folgende **Klassen** (Klassen und Ränge sollten nicht miteinander verwechselt werden) eingereiht und aus dem **Erlös der allgemeinen Konkursmasse** gedeckt (Art. 219 Abs. 4 SchKG):

Erstklassforderungen

- **Forderungen der Arbeitnehmer aus dem Arbeitsverhältnis:** (i) die nicht früher als sechs Monate vor der Konkurseröffnung entstanden oder fällig geworden sind, maximal jedoch bis zum gemäss UVG versicherten Lohn (von zurzeit CHF 148'200; lit. a), (ii) Rückforderung von Kautionen (lit. a^{bis}) und (iii) Forderungen aus Sozialplänen (lit. a^{ter}),

- **Ansprüche** der Versicherten **gemäss UVG** (im Konkurs des Versicherers; lit. b),
- **Ansprüche** der Versicherten aus der **nicht obligatorischen beruflichen Vorsorge** (BVG; im Konkurs der BVG-Vorsorgeeinrichtung; lit. b),
- **Forderungen der Personalvorsorgeeinrichtungen** gegenüber den angeschlossenen Arbeitgebern (lit. b),
- Familienrechtliche **Unterhalts- und Unterstützungsansprüche** sowie die **Unterhaltsbeiträge** nach dem Partnerschaftsgesetz, die in den letzten sechs Monaten vor der Konkurseröffnung entstanden und durch Geldzahlung zu erfüllen sind (lit. c).

Zweitklassforderungen

- Forderungen von Personen, deren **Vermögen kraft elterlicher Gewalt** dem Schuldner anvertraut war, für alles, was derselbe ihnen in dieser Eigenschaft schuldig geworden ist; das Vorzugsrecht gilt nur dann, wenn der Konkurs während der elterlichen Verwaltung oder innert einem Jahr nach ihrem Ende veröffentlicht worden ist (lit. a);
- **Sozialversicherungs-Beitragsforderungen** (gemäss AHVG, IVG, UVG, EOG, AVIG; lit. b);
- **Prämien- und Kostenvergünstigungsforderungen** der sozialen Krankenversicherung (lit. c);
- **Beiträge der Familienausgleichskasse** (lit. d);
- **Einlagen** nach Art. 37a des Bankengesetzes (im Konkurs einer Bank; lit. f).

Drittklassforderungen

Alle übrigen Forderungen. Damit gilt der überwiegende Teil der Konkursforderungen als Drittklassforderung. Dazu gehören auch (wenn auch zurückversetzt) rangrücktrittsbelastete Forderungen (Art. 725 OR).

Bei den **Fristen** für Erst- und Zweitklassforderungen werden **nicht mitberechnet** (Art. 219 Abs. 5 SchKG):

- die Dauer eines vorausgegangenen Nachlassverfahrens (Ziff. 1),
- die Dauer eines Prozesses über die Forderung (Ziff. 2),
- bei der konkursamtlichen Liquidation einer Erbschaft die Zeit zwischen dem Todestag und der Anordnung der Liquidation (Ziff. 3).
- die Dauer eines vorausgegangenen Konkursaufschubs (dass dieser Passus bei der letzten Revision gestrichen wurde, ist ein offensichtliches Versehen des Gesetzgebers).

Innerhalb derselben Klasse erhalten die Gläubiger dieselbe (prozentmässige) Dividende (Art. 220 Abs. 1 SchKG). Die Gläubiger einer nachfolgenden Klasse erhalten erst etwas, wenn alle Gläubiger einer vorhergehenden Klasse vollständig befriedigt sind (Art. 220 Abs. 2 SchKG).

§ 37 Konkursverfahren

Grafik 5 gibt einen Überblick über den Ablauf des Konkursverfahrens.

Mit Eröffnung des Konkurses liegt die **Verfahrensleitung beim Konkursamt** (Art. 221 ff. SchKG). Es gilt der Amtsbetrieb.

Der **Konkursrichter** ist nur für folgende Entscheide zuständig:

- die Konkurseröffnung (Art. 171 SchKG; vgl. § 35 Ziff. 1 lit. c),
- den Entscheid, den Konkurs mangels Aktiven einzustellen (Art. 230 Abs. 1 SchKG; vgl. Ziff. 2 lit. a unten),
- den Konkurs im summarischen oder ordentlichen Konkursverfahren zu führen (Art. 231 Abs. 1 Ingress SchKG; vgl. Ziff. 2 lit. b unten),

- den Konkurs für geschlossen zu erklären (Art. 268 Abs. 2 SchKG; vgl. Ziff. 11 unten).

1. Feststellung der Konkursmasse

Sofort nach Empfang des Konkurserkenntnisses ist ein **Inventar** über das zur Konkursmasse gehörende Vermögen (vgl. § 36 Ziff. 2 lit. a) **aufzunehmen** (Art. 221 SchKG). Im Inventar wird jedem Vermögensobjekt ein **Schätzwert** zugewiesen (Art. 227 SchKG). Aufgrund dessen ist zu entscheiden, ob das Konkursverfahren durchgeführt werden kann (im ordentlichen oder summarischen Konkursverfahren) oder ob es mangels Aktiven eingestellt werden muss (vgl. Ziff. 2 unten).

Damit das Konkursamt das Inventar aufnehmen kann, sind der **Schuldner** und (wenn dieser gestorben oder flüchtig ist) auch erwachsene Personen, welche mit ihm im selben Haushalt gewohnt haben, **auskunfts- und herausgabepflichtig.** Sie müssen dem Konkursbeamten auch Zugang zu Räumen und Behältnissen verschaffen (Art. 222 Abs. 1–3 SchKG).

Auch **Dritte,** welche Vermögensgegenstände des Schuldners verwahren oder bei denen dieser Guthaben hat (z.B. Banken), sind auskunfts- und herausgabepflichtig (Art. 222 Abs. 4 SchKG). Behörden unterliegen einer Auskunftspflicht (Art. 222 Abs. 5 SchKG). Das Konkursamt macht die Betroffenen auf ihre Pflichten aufmerksam (Art. 222 Abs. 6 SchKG). Die Verletzung dieser Pflichten wird **strafrechtlich geahndet** (Art. 163, Art. 323, Art. 324 StGB).

Soweit erforderlich trifft das Konkursamt die notwendigen **Sicherungsmassnahmen.** Bargeld, Wertpapiere, Geschäftsbücher und sonstige wichtige Akten nimmt es in Verwahrung (Art. 221, Art. 223 SchKG).

Die **Kompetenzstücke** (d.h. die unpfändbaren Objekte; Art. 92 SchKG; vgl. § 20 Ziff. 4) werden dem Schuldner zur freien Verfügung überlassen. Sie werden aber trotzdem im Inventar aufgezeichnet (Art. 224 SchKG). Auch **Sachen, welche von Dritten zu Eigentum angesprochen werden,** werden (unter Vormerkung dieses Umstandes) im Inventar aufgezeichnet (Art. 225 SchKG).

Der Schuldner muss die Vollständigkeit und Richtigkeit des Inventars unterschriftlich bestätigen (Art. 228 SchKG). Er ist verpflichtet, während des Konkursverfahrens zur Verfügung des Konkursamtes zu stehen. Die Konkursverwaltung kann dem Schuldner, namentlich wenn sie ihn anhält, zu ihrer Verfügung zu bleiben, einen billigen Unterhaltsbeitrag gewähren (Art. 229 SchKG).

2. Bestimmung des Verfahrens

Es gibt **drei Möglichkeiten,** wie ein Konkursverfahren abgewickelt bzw. eingestellt wird: das **ordentliche Konkursverfahren** (Art. 232 ff. SchKG; vgl. Ziff. 3 ff. unten), das summarische Konkursverfahren (Art. 231 SchKG; vgl. lit. b unten) oder die Einstellung des Konkurses mangels Aktiven (Art. 230/230a SchKG; vgl. lit. a unten).

a) Einstellung mangels Aktiven (Art. 230/230a SchKG)

Reicht die Aktivmasse (gemäss dem Inventar und den Schätzwerten; vgl. Ziff. 1 oben) voraussichtlich nicht aus, um die Kosten für ein summarisches Konkursverfahren (vgl. lit. b unten) zu decken, so wird der Konkurs mangels Aktiven eingestellt. Es wird kein Verfahren durchgeführt, dessen Kosten nicht gedeckt werden können. Die Einstellung geschieht durch das **Konkursgericht** auf Antrag des Konkursamtes (Art. 230 Abs. 1 SchKG).

Die **Einstellung wird öffentlich bekannt gemacht.** Jeder Gläubiger kann **innert zehn Tagen** die Durchführung des Konkurses verlangen. Dafür muss er **Sicherheit leisten** für die durch die Konkursmasse nicht gedeckten Kosten. In der Bekanntmachung wird darauf hingewiesen (Art. 230 Abs. 2 SchKG).

Rechtstatsächliches: Rund die Hälfte der Konkursverfahren wird sogleich mangels Aktiven wieder eingestellt. In den meisten Verfahren wird eine Sicherheit von CHF 4'000 bis CHF 7'000 verlangt, damit das summarische Konkursverfahren durchgeführt wird. Es wird kaum je Sicherheit geleistet.

Nach Einstellung des Konkursverfahrens kann der Schuldner noch **während zweier Jahre auch auf Pfändung betrieben** werden (Art. 230 Abs. 3 SchKG). Dies ist vor allem in Bezug auf natürliche Personen von Bedeutung, welche zufolge Handelsregistereintrag an sich der Konkursbetreibung unterliegen (vgl. § 35 Ziff. 1 lit. a). Damit kann qua Pfändung auf ihr laufendes Erwerbseinkommen gegriffen werden. Juristische Personen werden nach Einstellung des Konkurses im Handelsregister gelöscht und gehen damit unter.

Mit Konkurseröffnung wurden alle Betreibungen gegen Schuldner aufgehoben (Art. 206 SchKG; vgl. § 36 Ziff. 2 lit. d). Wird der Konkurs mangels Aktiven eingestellt, **leben diese Betreibungen wieder auf.** Für die Zeit zwischen Konkurseröffnung und Einstellung des Verfahrens findet für die Fristen des SchKG ein Fristenstillstand statt (Art. 230 Abs. 4 SchKG).

Bei einer **juristischen Person** gelten in Bezug auf **Pfandobjekte** besondere Bestimmungen. Es gilt folgende dreistufige **Kaskade**:

(i) Jeder Pfandgläubiger kann (trotz Einstellung des Konkurses) die Verwertung des Pfandobjektes verlangen. Das Konkursamt setzt ihm dafür eine Frist an (Art. 230a Abs. 2 SchKG). In der Sache handelt es an sich um eine Pfandverwertung. Dafür ist jedoch weiterhin das Konkursamt zuständig, da dieses schon mit dem Verfahren befasst ist.

(ii) Kommt es nicht zu einer Pfandverwertung, so wird das Pfandobjekt nach Abzug der Kosten mit den darauf haftenden Lasten, aber ohne persönliche Schuldpflicht auf den Staat (Kanton) übertragen, sofern dieser die Übertragung nicht ablehnt (Art. 230a Abs. 3 SchKG).

(iii) Lehnt der Staat die Übertragung ab, so verwertet das Konkursamt das Pfandobjekt (Art. 230a Abs. 4 SchKG).

Rechtstatsächliches: Spezialliquidationen gemäss Art. 230a SchKG kommen in relativ geringer Zahl vor.

Sonderregeln gelten auch, wenn die **konkursamtliche Liquidation einer ausgeschlagenen Erbschaft** (vgl. § 35 Ziff. 3 lit. d) mangels Aktiven eingestellt wird (vgl. Art. 230a SchKG).

Ein mangels Aktiven eingestelltes Konkursverfahren kann nachträglich auf Antrag **wiedereröffnet werden,** wenn **nachträglich Vermögensobjekte entdeckt werden,** welche es erlauben, den Konkurs durchzuführen.

b) Summarisches Konkursverfahren (Art. 231 SchKG)

Das summarische Konkursverfahren kommt **in zwei Konstellationen zur Anwendung:** Wenn aus dem Erlös der Konkursaktiven die (höheren) Kosten des ordentlichen Konkursverfahrens voraussichtlich nicht gedeckt werden können oder wenn die Verhältnisse einfach sind (Abs. 1). Der Entscheid, den Konkurs im summarischen Verfahren durchzuführen, fällt der **Konkursrichter** auf Antrag des Konkursamtes (Abs. 2).

Rechtstatsächliches: Von den Konkursverfahren, die überhaupt durchgeführt werden, werden wohl mehr als 95 % im summarischen Konkursverfahren durchgeführt.

Die Rechte der Gläubiger sind im summarischen Konkursverfahren eingeschränkt. Aufgrund dessen kann jeder **Gläubiger** bis vor der Verteilung des Erlöses das **ordentliche Konkursverfahren verlangen.** Er muss dafür aber für die voraussichtlich ungedeckten Kosten hinreichend **Sicherheit leisten** (Abs. 2).

Grundsätzlich wird das summarische Konkursverfahren nach den Bestimmungen über das ordentliche Verfahren durchgeführt (vgl. lit. c unten). Die **Abweichungen** bezwecken, das Verfahren kürzer und kostengünstiger zu machen (Abs. 3), was aber zu Lasten der Gläubigerrechte geht:

- **Gläubigerversammlungen finden in der Regel nicht statt.** Erscheint jedoch der Einbezug der Gläubiger aufgrund besonderer Umstände als wünschenswert, so kann das Konkursamt entweder eine Versammlung durchführen oder einen Gläubigerbeschluss auf dem Zirkularweg (vgl. Ziff. 4 lit. a unten und Ziff. 7 unten) herbeiführen (Ziff. 1).
- **Verwertungen** können schon nach Ablauf der Eingabefrist (vgl. Ziff. 3 unten) durchgeführt werden. Art. 256 Abs. 2–4 SchKG finden Anwendung. Die Interessen der Gläubiger sind bestmöglich zu wahren. Grundstücke dürfen erst verwertet werden, wenn das Lastenverzeichnis (Ziff. 6 lit. c/dd unten) erstellt ist (Ziff. 2).
- Das Konkursamt legt das **Inventar** zusammen mit dem Kollokationsplan auf. Im Inventar sind die Kompetenzstücke zu bezeichnen (Ziff. 3).
- Die **Verteilungsliste** braucht nicht aufgelegt zu werden (Ziff. 4).
- Es kann **keine ausseramtliche Konkursverwaltung und kein Gläubigerausschuss gewählt** werden.

c) Ordentliches Konkursverfahren

Das Gesetz regelt das ordentliche Konkursverfahren ausführlich (Art. 232–270 SchKG; vgl. Ziff. 3 ff. unten).

Rechtstatsächliches: Von den Konkursverfahren, die überhaupt durchgeführt werden, werden weniger als 5 % im ordentlichen Konkursverfahren durchgeführt. Der gesetzliche Regelfall ist somit faktisch der Ausnahmefall.

3. Schuldenruf

Sobald feststeht, dass der Konkurs im ordentlichen oder summarischen Verfahren durchgeführt wird, macht das Konkursamt die Konkurseröffnung öffentlich bekannt (Art. 232 Abs. 1 SchKG). Diese **Bekanntmachung** enthält Folgendes (Art. 232 Abs. 2 SchKG):

- Die Gläubiger werden aufgefordert, **innert einem Monat** ihre **Forderungen einzugeben** (Ziff. 2). Die Gläubiger können aber noch bis zum Schluss des Verfahrens Forderungen eingeben (Art. 251 SchKG; vgl. Ziff. 6 lit. c/ff unten).
- Drittschuldner des Gemeinschuldners müssen sich innert Monatsfrist melden (Ziff. 3).
- Die Aufforderung an Pfandgläubiger und andere Personen, welche Sachen des Schuldners besitzen, diese innert einem Monat dem Konkursamt abzuliefern. Unterbleibt die Ablieferung ungerechtfertigt, erlischt das Vorzugsrecht (z.B. das Pfandrecht; Ziff. 4).
- Die Gläubiger werden **zu einer ersten Gläubigerversammlung** (vgl. Ziff. 4 lit. a unten) **eingeladen.** Diese hat spätestens 20 Tage nach der öffentlichen Bekanntmachung stattzufinden (Art. 232 Abs. 2 Ziff. 5 SchKG).
- Beteiligte mit Sitz/Wohnsitz im Ausland werden darauf hingewiesen, dass sie einen Zustellungsort in der Schweiz bezeichnen müssen, ansonsten das Konkursamt als Zustellungsort gilt (Art. 232 Abs. 2 Ziff. 6 SchKG).

Die **bekannten Gläubiger** erhalten vom Konkursamt eine **Spezialanzeige** der Bekanntmachung mit normaler (uneingeschriebener) Post (Art. 233 SchKG).

4. Verwaltung

a) Erste Gläubigerversammlung

Die Gläubigerversammlung ist das **willensbildende Organ** der Gläubiger (ähnlich der Generalversammlung der Aktionäre einer Aktiengesellschaft). Sie wird vom Konkursamt durch öffentliche Bekanntmachung einberufen (Art. 232 SchKG). Der Konkursbeamte leitet die Versammlung (Art. 235 Abs. 1 SchKG).

Der Konkursbeamte bildet zusammen mit zwei von ihm bezeichneten Gläubiger das sog. **Büro** (Art. 235 Abs. 1 SchKG). Dieses **entscheidet über die Zulassung** von Personen, welche ohne besondere Einladung an der Versammlung teilnehmen wollen (Art. 235 Abs. 2 SchKG). Jeder Gläubiger mit Spezialanzeige (Art. 233 SchKG; vgl. Ziff. 3 oben) kann ohne weiteres teilnehmen. Ein Gläubiger kann sich auch mit Vollmacht vertreten lassen.

Die Versammlung ist nur **beschlussfähig**, wenn mindestens **ein Viertel der bekannten Gläubiger anwesend** oder vertreten ist (Art. 235 Abs. 3 SchKG). Dieses Präsenzquorum wird in der Praxis häufig nicht erreicht. Ist die Versammlung nicht beschlussfähig, so stellt das Konkursamt dies fest. Es orientiert die Gläubiger über den Bestand der Masse und verwaltet diese bis zur zweiten Gläubigerversammlung (Art. 236 SchKG; vgl. Ziff. 7 unten). Bei fehlender Beschlussfähigkeit können auch **Beschlüsse auf dem Zirkularweg** getroffen werden (Art. 255a SchKG).

Ist die **Versammlung beschlussfähig**, so erstattet das Konkursamt Bericht über die Aufnahme des Inventars und den Bestand der Masse (Art. 237 Abs. 1 SchKG). Beschlüsse werden mit der absoluten Mehrheit der stimmenden Gläubiger gefasst. Bei Stimmengleichheit hat der Vorsitzende den Stichentscheid. Wird die Berechnung der Stimmen beanstandet, so entscheidet das Büro (Art. 235 Abs. 4 SchKG). Die erste Gläubigerversammlung kann anstelle des staatlichen Konkursamtes eine **ausseramtliche Kon-**

kursverwaltung wählen (Art. 237 Abs. 2 SchKG). Diese führt dann das Konkursverfahren anstelle des (staatlichen) Konkursamtes.

Die Versammlung kann auch einen **Gläubigerausschuss wählen.** Dessen Kompetenzen können von der Versammlung festgelegt werden. Mangels abweichenden Beschlüssen stehen dem Gläubigerausschuss von Gesetzes wegen folgende Kompetenzen zu (Art. 237 Abs. 3 SchKG):

- Er beaufsichtigt die Konkursverwaltung und kann Einspruch gegen die den Interessen der Gläubiger zuwiderlaufenden Massnahmen erheben (Ziff. 1).
- Er kann die Ermächtigung erteilen, das vom Gemeinschuldner betriebene Geschäft weiterzuführen (Ziff. 2).
- Er genehmigt Rechnungen, erteilt die Ermächtigung zur Führung von Prozessen sowie zum Abschluss von Vergleichen und Schiedsverträgen (Ziff. 3).
- Er kann Widerspruch erheben, wenn die Konkursverwaltung im Kollokationsplan (vgl. Ziff. 6 lit. c) Forderungen zugelassen hat (Ziff. 4).
- Er kann Abschlagszahlungen an die Gläubiger während des Konkursverfahrens anordnen (Ziff. 5).

Die Gläubigerversammlung kann über **dringliche Fragen** entscheiden, deren Erledigung keinen Aufschub duldet. Dies gilt etwa für die Fortsetzung des Geschäfts des Gemeinschuldners, ob Geschäftsräume offen bleiben sollen, über die Fortsetzung hängiger Prozesse oder über die Vornahme von Verwertungen durch Freihandverkauf (Art. 238 Abs. 1 SchKG). Wenn der Schuldner im Konkurs einen Nachlassvertrag vorschlägt (vgl. § 57), kann die Gläubigerversammlung die Verwertung einstellen (Art. 238 Abs. 2 SchKG).

Rechtstatsächliches: Bei den wenigen, grösseren Verfahren, welche im ordentlichen Konkursverfahren abgewickelt werden, werden relativ häufig ausseramtliche Konkursverwaltungen eingesetzt. Häufig wird in diesen Fällen auch ein Gläubigerausschuss gewählt.

Die Beschlüsse der Gläubigerversammlung sind Verfügungen im Sinne des SchKG. Sie unterliegen deshalb der Anfechtung mit betreibungsrechtlicher **Beschwerde bei der Aufsichtsbehörde** (Art. 17, Art. 239 Abs. 1 SchKG; vgl. § 8 Ziff. 2). Als Besonderheit beträgt die **Beschwerdefrist** jedoch nur **fünf** (anstatt zehn) **Tage,** wenn Beschlüsse der ersten Gläubigerversammlung betroffen sind (Art. 239 Abs. 1 SchKG).

b) Konkursverwaltung

Die Konkursverwaltung ist das **Exekutivorgan** (vergleichbar dem Verwaltungsrat einer Aktiengesellschaft). Sie ist ein **Organ des Zwangsvollstreckungsverfahrens.** Sie nimmt **öffentlichrechtliche Aufgaben** wahr. Die Bestimmungen über die Protokollführung und Akteneinsicht (Art. 8/8a SchKG), die Ausstandspflicht (Art. 10 SchKG), die verbotenen Rechtsgeschäfte (Art. 11 SchKG), die Disziplinarmassnahmen (Art. 14 SchKG), die betreibungsrechtliche Beschwerde (Art. 17–19 SchKG) und über die Mitteilungen (Art. 34 f. SchKG) gelten sinngemäss (Art. 241 SchKG).

Die Konkursverwaltung hat alle zur **Erhaltung, Verwaltung** und Verwertung **der Masse** gehörenden Geschäfte zu besorgen. Sie vertritt die Masse gegen aussen, namentlich auch vor Gericht (Art. 240 SchKG). Sie zieht, wenn nötig auf dem Betreibungsweg, unbestrittene fällige Guthaben der Masse ein (Art. 243 Abs. 1 SchKG).

Verwertungen finden grundsätzlich erst nach der sog. zweiten Gläubigerversammlung (vgl. Ziff. 7 unten) statt (Art. 243 Abs. 3, Art. 253 SchKG; vgl. Ziff. 8 unten). Wenn jedoch ein **Notverkauf** ansteht, dann kann die Konkursverwaltung auch schon vor der zweiten Gläubigerversammlung Verwertungen vornehmen. Dies ist der Fall, wenn:

- Gegenstände schneller Wertverminderung ausgesetzt sind,
- einen kostspieligen Unterhalt erfordern oder
- unverhältnismässig hohe Aufbewahrungskosten verursachen,
- für Wertpapiere oder andere **Gegenstände, die einen Börsen- oder Marktwert** haben und dieser (Markt- oder Börsen-)Preis gelöst wird (Art. 243 Abs. 2 SchKG); denn mehr wird in der Regel kaum gelöst werden können.

5. Absonderung/Aussonderung/Admassierung

Dritte können im Konkursverfahren ihre Rechte wahrnehmen. Je nachdem, welche Rechte betroffen sind und wer sog. Gewahrsam hat, läuft das Verfahren unterschiedlich ab.

a) Absonderung

Bucheffekten, die einem Effektenkonto gutschrieben sind, sowie sammelverwahrte Wertpapiere, Globalurkunden oder Wertrechte, die in einem Hauptregister eingetragen sind, werden **von Amtes wegen** abgesondert (Art. 17 f. Bucheffektengesetz [BEG]).

b) Aussonderung

Zivilrechtliche Aussonderungsgründe begründen das Eigentum (Art. 641 Abs. 3 ZGB) oder Auftragsrecht (Art. 401 OR). **Vollstreckungsrechtliche Aussonderungsgründe** finden sich in Art. 201–203 SchKG sowie die Aussonderung des Trustvermögens im Konkurs des Trustees (Art. 284b SchKG; vgl. § 44).

Der Ansprecher muss sein Recht bei der Konkursverwaltung geltend machen. Dies kann er grundsätzlich bis zum Schluss des Konkursverfahrens tun. Wenn der **Gemeinschuldner** im Zeitpunkt der

Konkurseröffnung **Alleingewahrsam** (vgl. § 21 Ziff. 1) am Vermögensobjekt hat, kommt das Aussonderungsverfahren zur Anwendung (ansonsten die Admassierung; vgl. lit. c unten).

Wenn die **Konkursverwaltung die Aussonderung gutheissen** will, muss sie zuerst die **zweite Gläubigerversammlung** (vgl. Ziff. 7 unten) **begrüssen.** Wenn diese die Aussonderung ebenfalls gutheisst, kann noch jeder Gläubiger die **Abtretung des Verteidigungsrechts der Masse gemäss Art. 260 SchKG** (vgl. Ziff. 8 lit. c unten) verlangen (Art. 47 KOV). Nur wenn auch kein Gläubiger die Abtretung verlangt, kann die Konkursverwaltung die Aussonderung vollziehen (vgl. Art. 242 Abs. 1 SchKG). Stellen sich die Gläubiger gegen die Aussonderung oder verlangt ein Gläubiger die Abtretung, so setzt die Konkursverwaltung dem Ansprecher eine Frist von 20 Tagen, um Aussonderungsklage zu führen (Art. 52 KOV).

Wenn die **Konkursverwaltung dagegen den Anspruch für unbegründet hält,** setzt sie dem Ansprecher eine **Frist von 20 Tagen, um Aussonderungsklage** gegen die Masse **zu führen.** Wird die Frist nicht eingehalten, ist die Klage verwirkt (Art. 242 Abs. 2 SchKG) und der Gegenstand bleibt in der Konkursmasse. Wird Klage erhoben, so bleibt das Objekt je nach Entscheid des Gerichts unter Konkursbeschlag (bei Abweisung der Klage) bzw. fällt aus dem Konkursbeschlag (bei Gutheissung der Klage).

c) Admassierung

Wenn der **Ansprecher** im Zeitpunkt der Konkurseröffnung Allein- oder zumindest Mit-**Gewahrsam** (vgl. § 21 Ziff. 2) am Vermögensobjekt hat, kommt die Admassierung zur Anwendung (ansonsten das Aussonderungsverfahren; vgl. lit. b oben). In diesem Fall muss die Konkursmasse aktiv gegen den Ansprecher vorgehen und nötigenfalls Klage einleiten (Art. 242 Abs. 3 SchKG); die Konkursverwaltung kann keine Verfügung erlassen und dem Drittansprecher auch keine Frist zur Klage ansetzen.

6. Behandlung der Konkursforderungen

a) Arten von Forderungen

Es müssen verschiedene Arten von Forderungen unterschieden werden: Forderungen, welche nach der Konkurseröffnung entstanden sind und aus der Tätigkeit der Konkursverwaltung herrühren, sind **Masseverbindlichkeiten.** Dies gilt etwa bei Fortführung der Geschäftstätigkeit oder beim «Eintritt» in Verträge gemäss Art. 211 SchKG (vgl. § 36 Ziff. 3 lit. d). Sie sind vorab aus der Konkursmasse zu zahlen (Art. 262 Abs. 1 SchKG).

Forderungen, welche nach der Konkurseröffnung entstanden sind und aus eine Handlung des Gemeinschuldners selber herrühren (z.B. Weiternutzung der Wohnung), richten sich **gegen den Gemeinschuldner selber.** Sie können im Konkursverfahren nicht geltend gemacht werden.

Konkursforderungen sind Forderungen, welche vor Konkurseröffnung entstanden sind. Sie fallen in den Konkurs und sind aus der Konkursmasse zu befriedigen, soweit diese dazu ausreicht.

Masseforderungen sind Aktivansprüche der Konkursmasse (gegen Dritte).

b) Prüfung der Konkursforderungen

Nach Ablauf der Eingabefrist (vgl. § 37 Ziff. 3) prüft die Konkursverwaltung die eingegebenen Forderungen. Sie macht dazu die notwendigen **Erhebungen.** Zudem holt sie über jede Forderungseingabe die **Erklärung des Schuldners** ein (Art. 244 SchKG). Diese ist für die Konkursverwaltung nur informativ und nicht bindend (Art. 245 SchKG). Die Erklärung des Gemeinschuldners hat aber Bedeutung für die Wirkungen des Konkursverlustscheins (vgl. Ziff. 10 lit. a unten).

Einzig **die aus dem Grundbuch ersichtlichen Forderungen** samt den laufenden (nicht aber die rückständigen) Zinsen werden auch ohne Anmeldung **von Amtes wegen berücksichtigt** (Art. 246 SchKG). Alle anderen Forderungen werden nur auf Anmeldung hin berücksichtigt.

c) Kollokationsplan und Lastenverzeichnis

aa) Kollokationsplan

Die Konkursverwaltung entscheidet über die Anerkennung (bzw. Abweisung) der eingegebenen und aus dem Grundbuch ersichtlichen Forderungen (Art. 245, Art. 248 SchKG). Dies geschieht im sog. Kollokationsplan. In diesen werden die **faustpfandgesicherten** und die **ungesicherten Forderungen** aufgenommen. Die ungesicherten Forderungen werden in die drei Konkursklassen eingeteilt (Art. 219 Abs. 4, Art. 247 Abs. 1 SchKG; vgl. § 36 Ziff. 3 lit. g).

bb) Lastenverzeichnis

Gehört zur Konkursmasse ein **Grundstück,** so muss (wie in der Spezialexekution; vgl. § 22 Ziff. 3 lit. c) ein sog. Lastenverzeichnis erstellt werden. Dort werden die auf dem Grundstück ruhenden Lasten aufgeführt. Dies sind Grundpfandrechte, Dienstbarkeiten, Grundlasten und vorgemerkte persönliche Rechte (wie Kauf-, Rück- oder Vorkaufsrechte; Art. 959 ZGB). Das Lastenverzeichnis ist ein **Bestandteil des Kollokationsplans** (Art. 247 Abs. 2 SchKG).

cc) Genehmigung durch den Gläubigerausschuss

Kollokationsplan und Lastenverzeichnis sollten innert (der Ordnungsfrist von) 60 Tagen seit Ablauf der Eingabefrist erstellt werden (Art. 247 Abs. 1 SchKG). Wenn ein Gläubigerausschuss ernannt worden ist (vgl. Ziff. 4 lit. a oben), unterbreitet die Konkursverwaltung diesem den Kollokationsplan und das Lastenverzeichnis zur Genehmigung. Der Ausschluss kann innert (der Ordnungsfrist von) zehn Tagen Änderungen anbringen (Art. 247 Abs. 3 SchKG).

Die Aufsichtsbehörde kann diese Ordnungsfristen wenn nötig verlängern (Art. 247 Abs. 4 SchKG).

dd) Bekanntmachung und Spezialanzeige

Kollokationsplan und Lastenverzeichnis werden beim Konkursamt **zur Einsicht aufgelegt** (Art. 249 Abs. 1 SchKG). Die Auflage wird **öffentlich bekannt gemacht** (Art. 249 Abs. 2 SchKG). Jedem Gläubiger, dessen Forderung nicht gemäss seiner Anmeldung kolloziert worden ist, wird die Auflage und die Abweisung mit **Spezialanzeige** mitgeteilt (Art. 249 Abs. 3 SchKG).

ee) Anfechtung

Der Kollokationsplan (und das Lastenverzeichnis) können in zweierlei Hinsicht angefochten werden: Sind bei der Kollokation **Verfahrensfehler** begangen worden, so ist dies innert zehn Tagen mit **betreibungsrechtlicher Beschwerde** bei der Aufsichtsbehörde zu rügen (Art. 17 SchKG).

Wenn ein Gläubiger in Bezug auf Bestand und Umfang seiner **eigenen Forderung,** Bestand eines Pfandrechts oder mit der Klasseneinteilung nicht einverstanden ist, muss er innert **20 Tagen** gegen die Konkursmasse **Kollokationsklage** führen (Art. 250 Abs. 1 SchKG; beachte den Unterschied zur Spezialexekution, wo diesbezüglich betreibungsrechtliche Beschwerde geführt werden muss; vgl. § 25 Ziff. 4).

Will ein Gläubiger gegen die Zulassung der **Forderung eines anderen Gläubigers** vorgehen, so muss er ebenfalls innert **20 Tagen** Kollokationsklage führen; diese richtet sich gegen den anderen Gläubiger. Obsiegt der Kläger, so dient der Betrag, um den die Forderung des Beklagten herabgesetzt wird, zur Befriedigung des Klägers bis zur vollen Deckung seiner eigenen Forderung (samt Prozesskosten). Ein Überschuss wird nach dem berichtigten Kollokationsplan unter die übrigen Gläubiger verteilt (Art. 250 Abs. 2 SchKG). Beide

Arten von Kollokationsklagen sind beim Richter am Konkursort zu führen (Art. 250 Abs. 1 und 2 SchKG).

ff) Nachträgliche Forderungseingaben

Unbesehen der Eingabefrist von einem Monat (vgl. § 37 Ziff. 3) **können Forderungen bis zum Schluss des Konkursverfahrens eingegeben werden** (Art. 251 Abs. 1 SchKG). Der Gläubiger hat aber sämtliche durch die verspätete Anmeldung **verursachten Kosten** (insbesondere die Kosten der Neuauflage des Kollokationsplans bzw. deren Publikation) **zu tragen.** Er kann dafür zu einem Vorschuss angehalten werden (Art. 251 Abs. 2 SchKG). Auf **Abschlagszahlungen,** welche vor der Anmeldung schon stattgefunden haben, hat der Gläubiger **keinen Anspruch** (Art. 251 Abs. 3 SchKG).

Hält die Konkursverwaltung eine verspätet angemeldete Forderung für begründet, so ändert sie den Kollokationsplan ab und macht die Änderung öffentlich bekannt (Art. 251 Abs. 4 SchKG). Auch diesbezüglich kann Kollokationsklage (vgl. lit. c/ee oben) geführt werden (Art. 251 Abs. 5 SchKG). Weist sie die Forderung ganz ab, so muss der Kollokationsplan nicht neu aufgelegt werden.

7. Zweite Gläubigerversammlung

Die zweite Gläubigerversammlung ist jene, welche nach Auflage des Kollokationsplans stattfindet. Die Konkursverwaltung lädt all jene Gläubiger ein, deren Forderungen nicht schon rechtskräftig abgewiesen sind. Die **Einladung** erfolgt mindestens **20 Tage vor der Versammlung** (Art. 252 Abs. 1 SchKG). Soll in der Versammlung über einen Nachlassvertrag beraten werden (vgl. § 54 Ziff. 1), so wird in der Einladung darauf hingewiesen (Art. 252 Abs. 2 SchKG).

Ein Mitglied der Konkursverwaltung führt in der Versammlung den Vorsitz (Art. 252 Abs. 3 SchKG).

Die Versammlung ist nur **beschlussfähig,** wenn mindestens **ein Viertel der bekannten Gläubiger anwesend** oder vertreten ist (Art. 235 Abs. 3, Art. 252 Abs. 3 SchKG). Dieses Präsenzquorum wird in der Praxis häufig nicht erreicht.

Wenn die Versammlung beschlussfähig ist, erstattet die Konkursverwaltung der Gläubigerversammlung umfassend Bericht über den Gang des Verfahrens und den Stand der Aktiven und Passiven (Art. 253 Abs. 1 SchKG). Die Versammlung beschliesst über die **Bestätigung der Konkursverwaltung und eines allfälligen Gläubigerausschusses** (Art. 253 Abs. 1 SchKG). Sie kann auch erstmals eine ausseramtliche Konkursverwaltung oder einen Gläubigerausschuss wählen.

Der zweiten Gläubigerversammlung kommen **umfassende Befugnisse** zu. Sie ordnet unbeschränkt alles Weitere für die Durchführung des Konkurses an (Art. 253 Abs. 2 SchKG). Sie kann insbesondere beschliessen, gewisse Aktiven **freihändig zu verwerten** (Art. 256 Abs. 1 SchKG), auf die **Geltendmachung von Rechtsansprüchen zu verzichten** (Art. 260 SchKG) oder **hängige Prozesse fortzuführen** oder zu beenden (Art. 207 SchKG).

Auch die Beschlüsse der zweiten Gläubigerversammlung sind Verfügungen im Sinne des SchKG. Sie unterliegen deshalb der Anfechtung mit betreibungsrechtlicher **Beschwerde bei der Aufsichtsbehörde** (Art. 17 SchKG; vgl. § 8 Ziff. 2).

Wenn die Versammlung **nicht beschlussfähig** ist, stellt die Konkursverwaltung dies fest. Sie orientiert die anwesenden Gläubiger über den Stand der Masse. Die bisherige Konkursverwaltung und der Gläubigerausschuss bleiben bis zum Schluss des Verfahrens im Amt (Art. 254 SchKG).

Bei fehlender Beschlussfähigkeit oder in dringenden Fällen kann die Konkursverwaltung den Gläubigern **Anträge auf dem Zirkularweg** stellen. Ein Antrag gilt als angenommen, wenn ihm die Mehrheit der Gläubiger innert der angesetzten Frist (von meist zehn Tagen) ausdrücklich oder stillschweigend zustimmt (Art. 255a

Abs. 1 SchKG). Sind der Konkursverwaltung nicht alle Gläubiger bekannt, so kann sie ihre Anträge zudem auch öffentlich bekannt machen (Art. 255a Abs. 2 SchKG).

8. Verwertung

Im Konkurs gibt es drei Verwertungsarten: die Zwangsversteigerung (lit. a), den Freihandverkauf (lit. b) und die Abtretung von Rechtsansprüchen gemäss Art. 260 SchKG (lit. c). Alle drei Verwertungsarten stellen **betreibungsrechtliche Verfügungen** dar, weshalb gegen sie betreibungsrechtliche Beschwerde geführt werden kann (Art. 17 SchKG; vgl. § 8 Ziff. 2).

a) Zwangsversteigerung

Auch im Konkurs (zur Spezialexekution vgl. § 24 Ziff. 3 lit. a) ist die **öffentliche Versteigerung** die ordentliche Verwertungsart (Art. 256 Abs. 1 SchKG). Ort, Tag und Zeit der Versteigerung werden öffentlich bekannt gemacht (Art. 257 Abs. 1 SchKG).

Wenn Grundstücke zu verwerten sind, so erfolgt die Bekanntmachung mindestens einen Monat vor der Steigerung. In der Bekanntmachung wird angegeben, ab wann die Steigerungsbedingungen beim Konkursamt aufliegen (Art. 257 Abs. 2 SchKG). Die Grundpfandgläubiger erhalten eine Spezialanzeige unter Angabe der Schätzungssumme (Art. 257 Abs. 3 SchKG).

Der Verwertungsgegenstand wird nach **dreimaligem Aufruf** dem Meistbietenden zugeschlagen (Art. 258 Abs. 1 SchKG). Die Gläubiger können für eine erste Versteigerung ein Mindestangebot festsetzen (Art. 258 Abs. 2 SchKG). Bei der Verwertung von Grundstücken kommt der **Doppelaufruf** (vgl. § 22 Ziff. 3 lit. c/aa) zur Anwendung (Art. 258 Abs. 2, Art. 142 SchKG). Dagegen ist das Deckungsprinzip ein Institut der Spezialexekution (vgl. § 22 Ziff. 3 lit. c/bb) und kommt daher im Konkurs nicht zur Anwendung. Im Konkurs müssen alle Aktiven des Schuldners verwertet werden, weshalb das **Deckungsprinzip nicht zur Anwendung** gelangt.

Für die **Steigerungsbedingungen** gelten weitgehend die Bestimmungen über die Pfändung. Insbesondere kann auch im Konkurs die Verwertung nur mit betreibungsrechtlicher Beschwerde angefochten werden (Art. 259 i.V.m. Art. 129 f., Art. 132a, Art. 134–137, Art. 143 SchKG).

b) Freihandverkauf

Eine freihändige Verwertung ist für Grundstücke und bewegliche Sachen zulässig, wenn die Gläubiger (an der zweiten Gläubigerversammlung; vgl. Ziff. 7 oben) dies beschliessen (Art. 256 Abs. 1 SchKG). Bei Pfandobjekten müssen die Pfandgläubiger ihre Zustimmung zur freihändigen Verwertung geben (Art. 256 Abs. 2 SchKG).

Vermögensgegenstände von bedeutendem Wert und Grundstücke dürfen nur freihändig verwertet werden, wenn den Gläubigern vorher das **Recht** eingeräumt worden ist, selbst **höhere Angebote zu unterbreiten** (Art. 256 Abs. 3 SchKG).

c) Abtretung gemäss Art. 260 SchKG

Bei der Abtretung gemäss Art. 260 SchKG handelt es sich nicht um eine Zession im materiellrechtlichen Sinn. Es wird nicht der Anspruch selbst, sondern (nur) das **Prozessführungsrecht übertragen.** Rechtsträger des abgetretenen Anspruchs bleibt der Gemeinschuldner. Diese **Verwertungsart** ist verwandt mit der Forderungsüberweisung gemäss Art. 131 Abs. 2 SchKG in der Pfändung (vgl. § 24 Ziff. 3 lit. e). Der Abtretungsgläubiger agiert **im eigenen Namen, auf eigene Rechnung, aber aus fremdem Recht** (dem Recht der Masse). Es liegt eine **Prozessstandschaft** vor.

Es handelt sich bei der Abtretung gemäss Art. 260 SchKG auch um eine Verwertungsart. Anders als bei der Steigerung und beim

Freihandverkauf realisiert die Masse aber (in aller Regel) **keinen Mittelzufluss,** da die Abtretung unentgeltlich erfolgt.

Gegenstand einer Abtretung gemäss Art. 260 SchKG sind **strittige Aktivansprüche.** Paulianische Anfechtungsansprüche (Art. 285 ff.; vgl. § 45 ff.) dürfen sogar ausschliesslich auf diese Art verwertet werden; eine Versteigerung oder eine Freihandverwertung ist nicht zulässig (Art. 256 Abs. 4 SchKG). Auch **Verteidigungsansprüche** der Masse (z.B. bei Aussonderungsklagen; vgl. Ziff. 5 lit. b oben) können Gegenstand einer Abtretung sein.

Es müssen drei **Voraussetzungen** erfüllt sein:

- Zunächst muss die Gläubigergesamtheit (durch Mehrheitsbeschluss) **auf die Geltendmachung eines Anspruches** (oder eines Verteidigungsanspruches) **verzichten**.
- Zudem muss ein **Gläubiger die Abtretung verlangen** (Art. 260 Abs. 1 SchKG). Die Konkursverwaltung setzt den Gläubigern dafür eine Frist (von meist zehn Tagen).
- Schliesslich erlässt die Konkursverwaltung eine **Abtretungsverfügung.** Dafür besteht ein **Formular.**

Da der Abtretungsgläubiger auf eigene Rechnung agiert, kann er das Ergebnis seiner Rechtsdurchsetzung vorab zur **Deckung seiner Kosten und seiner Forderung** verwenden. Haben mehrere Gläubiger die Abtretung verlangt, erfolgt die Verteilung nach Massgabe der Konkursklassen ihrer Forderungen (Art. 219 Abs. 4 SchKG). Verbleibt aus dem Erlös (nach Deckung der Kosten und der Forderungen) ein **Überschuss,** so ist dieser der **Masse** abzuliefern (Art. 260 Abs. 2 SchKG).

Rechtstatsächliches: In den meisten Konkursverfahren verfügt die Masse über zu wenig Mittel, um selbst strittige Ansprüche durchzusetzen. Abtretungen nach Art. 260 SchKG kommen deshalb häufig vor. In der Regel sind es Gläubiger mit hohen Forderungen, welche die Abtretung verlangen.

Verzichtet die Gläubigergesamtheit auf die Geltendmachung eines Anspruches und verlangt auch kein Gläubiger die Abtretung, so kann ein **Anspruch** (subsidiär) auch **versteigert oder freihändig verwertet werden** (Art. 260 Abs. 3 SchKG). Der Masse fliesst dann ein Entgelt zu. Der Erwerber kann in diesem Fall den gesamten Erlös, den er bei der Rechtsdurchsetzung realisiert, für sich behalten; eine Überschussablieferung findet nicht statt.

9. Verteilung und Abschlagszahlungen

Nachdem die gesamte Aktivmasse verwertet, der Erlös realisiert worden und der Kollokationsplan in Rechtskraft erwachsen ist, stellt die Konkursverwaltung eine Verteilungsliste und die **Schlussrechnung** auf (Art. 261 SchKG).

In der **Verteilungsliste** werden vom Erlös sämtliche Kosten für die Eröffnung und Durchführung des Konkurses gedeckt. Aus dem Erlös von Pfandgegenständen werden nur die Kosten ihrer Inventur, Verwaltung und Verwertung gedeckt (Art. 262 SchKG). Die Verteilung des verbleibenden Erlöses erfolgt nach Massgabe des rechtskräftigen Kollokationsplanes (Vorabdeckung der privilegierten Forderungen).

Verteilungsliste und Schlussrechnung werden während zehn Tagen **beim Konkursamt aufgelegt.** Die Auflegung wird jedem Gläubiger mit Spezialanzeige mitgeteilt. Er erhält einen Auszug aus der Verteilungsliste, welcher seinen Anteil ausweist (Art. 263 SchKG). Sofort nach Ablauf der Auflagefrist erfolgt die **Verteilung** (Art. 264 Abs. 1 SchKG). Beträge auf Forderungen unter aufschiebender Bedingung oder mit ungewisser Verfallzeit werden bei der Depositenanstalt hinterlegt (Art. 264 Abs. 3 SchKG).

Sobald die Frist zur Anfechtung des Kollokationsplanes (von 20 Tagen) abgelaufen ist, können **Abschlagszahlungen** vorgenommen werden. Auch für Abschlagszahlungen muss eine Verteilungsliste erstellt und aufgelegt werden. Zudem muss jedem Gläubiger mit Spezialanzeige mitgeteilt werden, welchen Betrag er erhält (Art. 266, Art. 263 SchKG).

Rechtstatsächliches: In rund 95 % aller Konkursverfahren erhalten die Drittklassgläubiger zwischen 0 % und 5 % Dividende. In vielen Konkursverfahren erhalten selbst die privilegierten Gläubiger keine volle Deckung ihrer Forderungen!

10. Konkursverlustschein

a) Wirkungen

Jeder Gläubiger erhält für den bei der Verteilung ungedeckt gebliebenen Betrag seiner Forderung einen Konkursverlustschein. Darin wird angegeben, ob der Gemeinschuldner die Forderung anerkannt hat (vgl. Ziff. 6 lit. b oben).

Der Konkursverlustschein hat folgende **verfahrensrechtliche Wirkungen** (zu den Wirkungen des Pfändungsverlustscheins vgl. § 25 Ziff. 5):

- Der Verlustschein gilt (nur) dann als **Schuldanerkennung** und berechtigt (in einer neuen Betreibung) zur provisorischen Rechtsöffnung, wenn die **Forderung vom Gemeinschuldner anerkannt** worden ist (vgl. Ziff. 6 lit. b oben; Art. 265 Abs. 1 SchKG).
- Der Gläubiger kann **Arrest legen** lassen (Art. 265 Abs. 2, Art. 271 Abs. 1 Ziff. 5 SchKG).

Der Verlustschein hat auch **materiellrechtliche Wirkungen:** Der Zinsenlauf für die Verlustscheinforderung hört auf (Art. 265 Abs. 2 i.V.m. Art. 149 Abs. 4 SchKG). Die **Verjährung beträgt 20 Jahre.** Gegenüber den Erben des Schuldners verjährt sie jedoch spätestens ein Jahr ab Eröffnung des Erbgangs (Art. 265 Abs. 2 i.V.m. Art. 149a Abs. 1 SchKG).

Die **Konkursforderungen,** welche **im Konkursverfahren nicht eingegeben** worden sind, unterliegen **denselben Beschränkungen** wie die Forderungen, für welche ein Verlustschein ausgestellt worden ist (Art. 267 SchKG). Von den Vorteilen eines Konkursverlustscheins (namentlich der längeren Verjährung) profitieren solche Forderungen dagegen nicht.

b) Neue Betreibung

Eine neue Betreibung aufgrund des Konkursverlustscheins **unterliegt einer Beschränkung:** Eine neue Betreibung kann nur eingeleitet werden, wenn der Schuldner zu sog. **neuem Vermögen** gekommen ist (Art. 265 Abs. 2 SchKG). Bei einer neuen Betreibung aufgrund eines Pfändungsverlustscheins spielt das neue Vermögen keine Rolle (vgl. § 25 Ziff. 5).

aa) Neues Vermögen

Neues Vermögen ist der Saldo (d.h. die Differenz) zwischen den neuen Aktiven und den neuen Passiven. Als neu gelten Aktiven und Passiven, welche nach Abschluss des Konkursverfahrens entstanden sind. Neues Vermögen liegt auch vor, wenn der Schuldner periodische Einkünfte hat, die es ihm erlauben würden, neues Vermögen zu bilden.

bb) Begründeter Rechtsvorschlag

Wenn der Schuldner vorbringen will, er sei nicht zu neuem Vermögen gekommen, so muss er dies mit begründetem Rechtsvorschlag **(«kein neues Vermögen»)** – und somit **innert zehn Tagen** – geltend machen (Art. 265a Abs. 1 SchKG; vgl. § 14 Ziff. 2).

Erhebt der Schuldner gegen den Zahlungsbefehl keinen begründeten Rechtsvorschlag, dann spielt die Frage, ob er zu neuem Vermögen gekommen ist, **keine Rolle.** Im Rahmen einer nachfolgenden

Pfändung können periodische Ansprüche bis zum Existenzminimum gepfändet werden.

cc) Richterliche Bewilligung des Rechtsvorschlags

Ähnlich wie in der Wechselbetreibung (vgl. § 35 Ziff. 2) muss der Richter den Rechtsvorschlag des Schuldners bewilligen. Zu diesem Zweck legt der Betreibungsbeamte dem Richter den Rechtsvorschlag von Amtes wegen vor (Art. 265a Abs. 1 SchKG).

Damit der Richter den Rechtsvorschlag des **Schuldners** bewilligt, muss dieser seine **Einkommens- und Vermögensverhältnisse darlegen** und aufgrund dessen glaubhaft machen, dass er nicht zu neuem Vermögen gekommen ist (Art. 265a Abs. 2 SchKG).

Bewilligt der Richter den Rechtsvorschlag (weil der Schuldner nicht zu neuem Vermögen gekommen ist), so ist die Betreibung gestoppt und kann vom Gläubiger nicht weitergeführt werden. Er kann aber zu einem beliebigen späteren Zeitpunkt eine neue Betreibung einleiten; dannzumal ist der Schuldner allenfalls zu neuem Vermögen gekommen.

Bewilligt der Richter den Rechtsvorschlag nicht (weil der Schuldner zumindest teilweise zu neuem Vermögen gekommen ist), so stellt er den Umfang des neuen Vermögens fest. Die nachfolgende Betreibung ist auf diesen (rechnerischen) Betrag beschränkt (Art. 265a Abs. 3 SchKG).

Verfügt der Schuldner nicht über genügend eigenes Vermögen, das bis zum Betrag, in welchem Umfang der Richter neues Vermögen festgestellt hat, gepfändet werden kann, kann ausnahmsweise (vgl. § 21) auch fremdes Vermögen gepfändet werden: **Vermögenswerte Dritter, über die der Schuldner wirtschaftlich verfügt,** kann der Richter **pfändbar erklären.**

Dies ist dann möglich, wenn das Recht des Dritten auf einer Handlung beruht, die der Schuldner in der dem Dritten erkennbaren Absicht vorgenommen hat, die Bildung neuen Vermögens zu vereiteln (Art. 265a Abs. 3 SchKG). Es sollen somit eigentliche Umgehungsgeschäfte erfasst werden. Die gesetzliche Umschreibung lehnt sich an die Absichtsanfechtung an (Art. 288 SchKG; vgl. § 48 Ziff. 3).

Der Richter hört die Parteien an und entscheidet (Art. 265a Abs. 1 SchKG). Der Prozess wird **im summarischen Verfahren** geführt (Art. 251 lit. d ZPO). Gegen den Entscheid ist kein Rechtsmittel zulässig (Art. 265a Abs. 1 SchKG).

Wenn der Schuldner oder der Gläubiger mit dem Entscheid nicht einverstanden ist, kann **innert 20 Tagen Klage** auf Bestreitung (Schuldner) bzw. Feststellung (Gläubiger) des neuen Vermögens erhoben werden. Zuständig ist der Richter am Betreibungsort (Art. 265a Abs. 4 SchKG). Der Prozess wird je nach Streitwert im **vereinfachten** (Art. 243 ff. ZPO) oder **ordentlichen Verfahren** geführt (Art. 219 ff. ZPO).

Rechtstatsächliches: In der Praxis kommen Klagen über das Bestehen oder Nichtbestehen von neuem Vermögen immer wieder vor. Die Erfolgsaussichten des Gläubigers sind häufig eher bescheiden.

dd) Beseitigung des normalen Rechtsvorschlags

Jeder (begründete) Rechtsvorschlag, es mangele an neuem Vermögen, beinhaltet automatisch auch den **«normalen» Rechtsvorschlag** (vgl. § 14 Ziff. 2). Wenn neues Vermögen festgestellt worden ist, muss der Gläubiger somit zusätzlich auch noch den normalen Rechtsvorschlag (welcher Bestand, Umfang und Fälligkeit der Forderung beschlägt) **beseitigen** (vgl. § 15).

ee) Ausschluss der Insolvenzerklärung

Erhebt ein Schuldner Rechtsvorschlag mit dem Einwand, er sei nicht zu neuem Vermögen gekommen, so kann er während der Dauer dieser Betreibung nicht selbst via Insolvenzerklärung (Art. 191 SchKG) die Konkurseröffnung beantragen (Art. 265b SchKG).

11. Schluss des Konkursverfahrens

Nach der Verteilung legt die Konkursverwaltung dem Konkursgericht einen **Schlussbericht** vor (Art. 268 Abs. 1 SchKG). Findet das Gericht, dass das Konkursverfahren vollständig durchgeführt worden ist, so erklärt es dasselbe für geschlossen (Art. 268 Abs. 2 SchKG). Der Schluss des Konkursverfahrens wird vom Konkursamt **in den Amtsblättern publiziert** (Art. 268 Abs. 4 SchKG).

Das Konkursverfahren soll **innert einem Jahr** ab dessen Eröffnung **durchgeführt** sein. Die Aufsichtsbehörde kann diese Ordnungsfrist (vgl. auch § 37 Ziff. 6 lit. c/cc) auf Antrag verlängern (Art. 270 SchKG).

Rechtstatsächliches: Gemäss einer Studie der Weltbank dauern die Konkursverfahren in der Schweiz im internationalen Verhältnis sehr lange. Zudem ist die Quote (Dividende) für die ungesicherten nicht-privilegierten Gläubiger sehr tief.

12. Neu entdecktes Vermögen

Es kann vorkommen, dass nach Schluss des Konkursverfahrens noch **nachträglich Vermögenswerte entdeckt werden,** welche zur Masse gehören, aber (mangels Kenntnis) ursprünglich nicht zur Masse gezogen wurden. Das Konkursamt nimmt diese in Besitz und besorgt **ohne weitere Förmlichkeiten die Verwertung und Verteilung** des Erlöses an die zu Verlust gekommenen Gläubiger entsprechend der Klassenordnung gemäss Kollokationsplan (Art. 269 Abs. 1, Art. 219 Abs. 4 SchKG; vgl. § 36 Ziff. 3 lit. g).

Auf gleiche Weise verfährt das Konkursamt mit bei der Depositenanstalt **hinterlegten Beträgen** (vgl. § 37 Ziff. 9), die frei werden oder nach zehn Jahren nicht bezogen worden sind (Art. 269 Abs. 2 SchKG).

Handelt es sich beim neu entdeckten Anspruch um einen **bestrittenen Rechtsanspruch,** so gelangt das Konkursamt per öffentlicher Bekanntmachung oder per brieflicher Mitteilung an die Gläubiger und offeriert die Abtretung gemäss **Art. 260 SchKG** (Art. 269 Abs. 3 SchKG; vgl. Ziff. 8 lit. c oben).

8. Teil: Arrest

§ 38 Wesen

Der Arrest ist kein eigenes Vollstreckungsverfahren. Es ist eine **reine Sicherungsmassnahme.** Dem Schuldner wird (analog zur Pfändung; vgl. § 20 Ziff. 3) bei Straffolge untersagt, über Vermögensobjekte zu verfügen, welche vom Arrest erfasst sind. Er dient dazu, zu verhindern, dass der Schuldner Vermögensobjekte veräussert oder beiseiteschafft. Es soll ermöglicht werden, dass die Gläubiger später in diese Objekte vollstrecken können.

Seinem Wesen entsprechend erfolgt der Arrest **auf einseitigen Antrag eines Gläubigers** und ohne dass der Schuldner vorgängig angehört wird – sozusagen **überfallartig.** Ansonsten wäre der Schuldner vorgewarnt und könnte den Arrestvollzug vereiteln, indem er die Vermögensobjekte auf die Seite schafft.

Der Arrest begründet grundsätzlich **keine Vorzugsrechte** des Gläubigers (Art. 281 Abs. 3 SchKG). Auch in einer nachfolgenden Vollstreckung können andere Gläubiger in die Arrestobjekte vollstrecken. Der Arrestgläubiger hat nur zwei Vorrechte:

- Er kann die Kosten des Arrestverfahrens aus dem Arrestsubstrat vorab decken (Art. 281 Abs. 2 SchKG).
- Wird das Arrestsubstrat von einem anderen Gläubiger gepfändet, nimmt der Arrestgläubiger von Gesetzes wegen provisorisch an dieser Pfändung teil (Art. 281 Abs. 1 SchKG; vgl. § 24 Ziff. 1).

§ 39 Voraussetzungen und Arrestgründe

Damit ein Arrest erteilt werden kann, muss der Gläubiger **drei Voraussetzungen** dartun (Art. 272 Abs. 1 SchKG), nämlich dass:

- ihm eine **Forderung** gegen den Schuldner zusteht; die Forderung darf nicht durch ein Pfand gesichert sein (Art. 271 Abs. 1 SchKG); in aller Regel muss die Forderung **fällig** sein (vgl. Art. 271 Abs. 2 SchKG),
- ein **Arrestgrund** vorliegt und
- **Vermögensgegenstände** vorhanden sind, welche dem Schuldner gehören.

Arrestgründe sind die folgenden (Art. 271 Abs. 1 SchKG):

- Wenn der Schuldner **keinen festen Wohnsitz** hat (Ziff. 1).
- Wenn der Schuldner in der **Absicht, sich der Erfüllung seiner Verbindlichkeiten zu entziehen,** Vermögensgegenstände beiseiteschafft, die Flucht ergreift oder Anstalten dazu trifft (Ziff. 2).
- Wenn der **Schuldner auf der Durchreise** ist oder zu den Personen gehört, welche **Messen und Märkte besuchen,** für Forderungen, die ihrer Natur nach sofort zu erfüllen sind (Ziff. 3).
- Wenn der **Schuldner in der Schweiz keinen Sitz/Wohnsitz hat** und die Forderung einen genügenden Bezug zur Schweiz aufweist oder auf einer Schuldanerkennung (vgl. § 15 Ziff. 2 lit. a.) beruht (Ziff. 4). Die Forderung weist einen **genügenden Bezug zur Schweiz** auf, wenn z.B. die Forderung schweizerischem Recht untersteht, ein Gerichtstand oder ein Erfüllungsort in der Schweiz besteht.
- Wenn der Gläubiger gegen den Schuldner einen provisorischen oder definitiven **Pfändungs-** (vgl. § 25 Ziff. 5) **oder Konkursverlustschein** (vgl. § 37 Ziff. 10) besitzt (Ziff. 5). Der früher erlittene Ausfall berechtigt zur sofortigen Arrestlegung.
- Wenn der Gläubiger einen **definitiven Rechtsöffnungstitel** (vgl. § 15 Ziff. 3) besitzt (Ziff. 6).

§ 40 Verfahren

Grafik 6 gibt einen Überblick über den Ablauf des Arrestverfahrens.

1. Arrestbewilligung/Arrestbefehl

Zur Bewilligung des Arrestes ist der **Richter** zuständig. Örtlich ist der Richter am Betreibungsort oder am Ort zuständig, wo sich die Vermögensobjekte befinden (Art. 272 Abs. 1 SchKG).

Damit der Richter den Arrest bewilligt, müssen ihm die **Arrestvoraussetzungen** (vgl. § 39) **glaubhaft gemacht werden** (Art. 272 Abs. 1 SchKG). Dies bedeutet, dass sie ihm plausibel erscheinen.

Bewilligt der Richter den Arrest, so erlässt er zuhanden des Betreibungsamts (welches den Arrest vollzieht; vgl. Ziff. 2 unten) den sog. **Arrestbefehl** (Art. 274 Abs. 1 SchKG). Der Arrestbefehl enthält Angaben zum Gläubiger und zum Schuldner, nennt die Forderung, für welche Arrest gelegt wird, den Arrestgrund und die Angabe der mit Arrest belegten Gegenstände (Art. 274 Abs. 2 SchKG).

Da der Arrest ohne vorgängige Anhörung des Schuldners (überfallartig) erteilt wird (vgl. § 38), muss ihm das rechtliche Gehör nachträglich gewährt werden. Dies geschieht nach erfolgtem Arrestvollzug durch **Einsprache gegen den Arrestbefehl.** Dadurch können die Voraussetzungen des Arrestes nachträglich überprüft werden.

Einsprache kann innert **zehn Tagen** nach Kenntnisnahme beim Arrestrichter geführt werden, welcher den Arrest bewilligt hat (Art. 278 Abs. 1 SchKG). Der Richter gibt den Beteiligten Gelegenheit zur Stellungnahme und entscheidet ohne Verzug (Art. 278 Abs. 2 SchKG). Die Einsprache hemmt die Wirkungen des Arrestes nicht (Art. 278 Abs. 4 SchKG).

Der Einspracheentscheid kann innert zehn Tagen mit **Beschwerde gemäss ZPO** angefochten werden. Es können neue Tatsachen geltend gemacht werden (Art. 278 Abs. 3 SchKG). Die Einsprache und Beschwerde hemmen die Wirkungen des Arrestes nicht (Art. 278 Abs. 4 SchKG).

2. Arrestvollzug/Arresturkunde

Vollzogen wird der Arrest vom **Betreibungsamt.** Vom Arrest können Vermögensobjekte des Schuldners **in der ganzen Schweiz** erfasst sein (Art. 271 Abs. 1 Ingress SchKG).

Der Arrestrichter beauftragt das Betreibungsamt, den Vollzug vorzunehmen (Art. 274 Abs. 1 SchKG). Der Vollzug erfolgt dadurch, dass die vorgefundenen Vermögensobjekte in eine Urkunde (die **Arresturkunde**) aufgenommen und geschätzt werden (Art. 276 Abs. 1 SchKG). Der Vollzug erfolgt nach denselben Regeln, welche für die Pfändung gelten (Art. 275 SchKG; vgl. § 20 Ziff. 2).

Nach erfolgtem Vollzug stellt das Betreibungsamt dem Gläubiger und dem Schuldner eine Abschrift der Arresturkunde zu. Es benachrichtigt auch Dritte, die durch den Arrest in ihren Rechten (an den verarrestierten Objekten) betroffen werden (Art. 276 Abs. 2 SchKG).

Gegen den Arrestvollzug kann **betreibungsrechtliche Beschwerde** an die Aufsichtsbehörde geführt werden (Art. 17 SchKG; vgl. § 8 Ziff. 2).

Rechtstatsächliches: Pro Jahr dürfte es schätzungsweise etwa 2'000 bis 3'000 Arrestvollzüge geben.

3. Sicherungsleistung des Schuldners

Beim Arrest geht es um eine reine Sicherungsmassnahme. Dem Gläubiger stehen keine Vorrechte an den verarrestierten Objekten zu (vgl. § 38). Es geht nur darum, Vermögenssubstrat für die

Gläubiger zu sichern. Der Schuldner kann deshalb einen **Arrest abwenden,** indem er anstelle der Arrestgegenstände **Sicherheit leistet** oder andere Vermögensstücke von gleichem Wert leistet. Die Sicherheit ist durch Hinterlegung, Solidarbürgschaft oder durch eine andere gleichwertige Sicherheit zu leisten (Art. 277 SchKG).

4. Haftung des Gläubigers für Arrestschaden

Die Voraussetzungen des Arrestes (vgl. § 39) müssen dem Arrestrichter nur glaubhaft gemacht und nicht strikt bewiesen werden (vgl. § 40 Ziff. 1). Es kann sich daher im Nachhinein herausstellen, dass der **Arrest zu Unrecht erlassen** worden ist. Wenn dadurch dem Schuldner oder einem Dritten ein Schaden erwachsen ist, dann **haftet der Gläubiger,** welcher den Arrest bewirkt hat, dafür (Art. 273 Abs. 1 SchKG).

Wenn Unsicherheit herrscht, ob die Voraussetzungen des Arrestes hinreichend glaubhaft gemacht sind, kann der Richter die Bewilligung des Arrestes davon abhängig machen, dass der **Gläubiger** (im Hinblick auf eine allfällige Schadenersatzpflicht) eine **Sicherheitsleistung** erbringt (Art. 273 Abs. 1 SchKG).

Die Schadenersatzklage kann (alternativ zum Sitz/Wohnsitz des Arrestgläubigers [als Beklagter]) auch **am Arrestort** geführt werden (Art. 273 Abs. 2 SchKG).

§ 41 Fortführungslast (Prosequierung)

Mit dem Arrest wird (ähnlich der Pfändung) zu Lasten des Schuldners ein Verfügungsverbot erlassen (vgl. § 38). Damit der Gläubiger dies nicht dazu nutzt, den Schuldner über längere Zeit «schmoren» zu lassen, muss er die von ihm behauptete Arrestforderung zügig durchsetzen. Er steht unter einer **Fortführungslast** (vgl. **Grafik 6).**

Der Gläubiger muss in einer ersten Phase jeweils **innert zehn Tagen** den nächsten Schritt vornehmen (Art. 279 Abs. 2 SchKG). Als erster Schritt kann der Gläubiger Klage oder Betreibung einleiten (Art. 279 Abs. 1 SchKG). Die Folgeschritte hängen vom Verhalten des Schuldners bzw. vom Entscheid des Richters ab (vgl. Art. 279 Abs. 2–4 SchKG). Der Gläubiger untersteht der Fortführungslast, **bis er das Fortsetzungsbegehren gestellt hat.** Dieses muss er innert 20 Tagen stellen (Art. 279 Abs. 3 SchKG; zum Fristenstillstand vgl. Art. 279 Abs. 5 SchKG).

Der Arrest fällt dahin, wenn der Gläubiger seiner Fortführungslast nicht nachkommt (Art. 280 Ziff. 1 SchKG). Der Arrest fällt auch dann dahin, wenn der Gläubiger die Betreibung zurückzieht oder erlöschen lässt (Art. 280 Ziff. 2 SchKG; vgl. § 14 Ziff. 1) oder mit seiner Klage vor Gericht endgültig abgewiesen wird (Art. 280 Ziff. 3 SchKG).

§ 42 Auswirkungen von Pfändungen Dritter und Konkurs über den Schuldner

Als reines Sicherungsinstrument verschafft der Arrest dem Gläubiger grundsätzlich keine Vorteile (vgl. § 38). Fällt der Schuldner deshalb in **Konkurs,** bevor die Verwertung der Arrestobjekte stattgefunden hat, so fallen diese in die allgemeine Konkursmasse (Art. 199 Abs. 1 SchKG); deren Erlös wird unter alle Konkursgläubiger verteilt. Diese Regelung gilt analog, wenn der Richter einen **Nachlassvertrag mit Vermögensabtretung** genehmigt hat.

Arrestgegenstände können auch **von einem anderen Gläubiger gepfändet** werden. Geschieht dies, bevor der Arrestgläubiger das Pfändungsbegehren stellen kann, so nimmt er von Gesetzes wegen **provisorisch an der Pfändung des anderen Gläubigers teil** (Art. 281 Abs. 1 SchKG). Da die Pfändung nur (erst) eine provisorische ist, kann der Arrestgläubiger selber das Verwertungsbegehren (noch) nicht stellen (Art. 118 SchKG; vgl. § 24 Ziff. 1).

9. Teil: Trustverhältnisse

Die Schweiz kennt selbst kein Trustrecht. Dies ist eine Schöpfung des angloamerikanischen Rechtskreises. Die Schweiz ist aber dem Haager Übereinkommen über das auf Trusts anwendbare Recht und über ihre Anerkennung beigetreten. Als Trust gelten **rechtsgeschäftlich errichtete Trusts** im Sinne dieses Übereinkommens (Art. 149a IPRG).

Vollstreckungsrechtlich ist zwischen der Betreibung für Schulden des Trustvermögens und für private Schulden des Trustees zu unterscheiden.

§ 43 Betreibung für Schulden des Trustvermögens

Haftet für die Schuld das Vermögen eines Trusts, so ist die Betreibung gegen den Trustee als Vertreter des Trusts zu richten (Art. 284a Abs. 1 SchKG).

Betreibungsort ist der Sitz des Trusts (gemäss Art. 21 Abs. 3 IPRG). Befindet sich der bezeichnete Ort der Verwaltung nicht in der Schweiz, so ist der Trust an dem (schweizerischen) Ort zu betreiben, an dem er tatsächlich verwaltet wird (Art. 284a Abs. 2 SchKG).

Die Betreibung wird immer (unbesehen davon, ob der Trustee in einer der Funktionen gemäss Art. 39 SchKG im Handelsregister eingetragen ist) **auf Konkurs** fortgesetzt. Der Konkurs ist **auf das Trustvermögen beschränkt** (Art. 284a Abs. 3 SchKG). Der Trustee kann sein Privatvermögen aussondern (Art. 242 SchKG).

§ 44 Betreibung für private Schulden des Trustees

Für Schulden des Trustees ist dieser normal zu betreiben. Je nachdem, ob er in einer der in Art. 39 SchKG genannten Funktionen im Handelsregister eingetragen ist, geht die Betreibung auf Pfändung oder Konkurs.

Das Eigentum am Trustvermögen kann **in der Pfändung** gegen den Trustee im Widerspruchsverfahren geltend gemacht werden (Art. 106–108 SchKG; vgl. § 21).

Im **Konkursverfahren** über den Trustee wird nach Abzug seiner Ansprüche gegen das Trustvermögen dieses aus der Konkursmasse ausgeschieden (Art. 284b SchKG).

10. Teil: Anfechtung

§ 45 Zweck

Wenn der **Schuldner vor der Insolvenz Rechtshandlungen zu Lasten seiner Gläubiger gemacht hat** und diese in der Insolvenz zu Verlust kommen, können solche Rechtshandlungen angefochten werden. Mit der Anfechtung sollen Vermögenswerte der Zwangsvollstreckung wieder zugeführt werden (Art. 285 Abs. 1 SchKG). Wo bereits ein zivilrechtlicher Anspruch besteht, braucht es keine Anfechtung. Die Anfechtung gemäss SchKG bewirkt nicht, dass das Rechtsgeschäft zivilrechtlich unwirksam oder nichtig ist. Bei erfolgreicher Anfechtung ist das Rechtsgeschäft vollstreckungsrechtlich unbeachtlich.

Anfechtbar sind nur **Rechtshandlungen des Schuldners** (Art. 286–288 SchKG). Rechtshandlungen Dritter können nicht nach den Art. 285 ff. SchKG angefochten werden. Soweit es um die Verrechnung geht, besteht eine Sondernorm (Art. 214 SchKG; vgl. § 36 Ziff. 3 lit. e).

Nicht anfechtbar sind Rechtshandlungen, die während einer Nachlassstundung (vgl. § 53) stattgefunden haben, sofern sie von einem Nachlassgericht oder von einem Gläubigerausschuss genehmigt worden sind (vgl. § 53 Ziff. 2; Art. 285 Abs. 3 SchKG).

§ 46 Geltungsbereich

Die Anfechtung kommt nachfolgend zu einer **Betreibung auf Pfändung,** im **Konkursverfahren** und bei einem **Nachlassvertrag mit Vermögensabtretung** (vgl. § 56) zur Anwendung (Art. 286 ff., Art. 331 SchKG).

Eine Anfechtung kann **nicht** geführt werden nachfolgend zu einer Betreibung auf Pfandverwertung (es steht nämlich noch nicht fest, ob der Pfandgläubiger tatsächlich zu Verlust kommt), während der Nachlassstundung (vgl. § 53) und nach Abschluss eines ordentlichen Nachlassvertrages (vgl. § 55; Art. 158 e contrario, Art. 286 ff., Art. 331 SchKG).

§ 47 Legitimation

Zur Anfechtung **aktivlegitimiert** sind:

- nach einer Pfändung: jeder **Gläubiger mit einem provisorischen** (vgl. § 23) **oder definitiven** (vgl. § 25) **Pfändungsverlustschein** (Art. 115 Abs. 2, Art. 149 Abs. 2, Art. 285 Abs. 2 Ziff. 1 SchKG),
- im Konkurs: die **Konkursverwaltung** oder gemäss Art. 260 SchKG (vgl. § 37 Ziff. 8 lit. c) jeder Abtretungsgläubiger (Art. 285 Abs. 2 Ziff. 2),
- beim Nachlassvertrag mit Vermögensabtretung: die **Liquidatoren** oder gemäss Art. 260 (i.V.m. Art. 325) SchKG jeder Abtretungsgläubiger (Art. 331 SchKG).

Die Anfechtungsklage richtet sich gegen jene Personen **(Passivlegitimation)**, welche mit dem Schuldner das anfechtbare Rechtsgeschäft abgeschlossen haben oder welche von ihm in anfechtbarer Weise begünstigt worden sind. Ebenfalls passivlegitimiert sind die Erben dieser Personen oder andere Gesamtrechtsnachfolger und bösgläubige Dritte als Singularrechtsnachfolger. Die Rechte gutgläubiger Dritter werden durch die Anfechtung nicht berührt (Art. 290 SchKG).

§ 48 Anfechtungsarten

Das Gesetz unterscheidet drei Anfechtungsarten: die Schenkungs-, die Überschuldungs- und die Absichtsanfechtung. Die gesetzlichen Anforderungen für eine Anfechtung sind bei der Schenkungsanfechtung am geringsten und bei der Absichtsanfechtung am höchsten.

1. Schenkungsanfechtung (Art. 286 SchKG)

Anfechtbar sind alle **Schenkungen** und **unentgeltlichen Verfügungen.** Ausgenommen sind übliche Gelegenheitsgeschenke (Art. 286 Abs. 1 SchKG). Schenkungen gleichgestellt sind Rechtsgeschäfte, bei denen der Schuldner eine Gegenleistung angenommen hat, die zu seiner eigenen Leistung in einem Missverhältnis steht. Ebenfalls gleichgestellt sind Rechtsgeschäfte, durch die der Schuldner für sich oder einen Dritten eine Leibrente, eine Pfrund, eine Nutzniessung oder ein Wohnrecht erworben hat (Art. 286 Abs. 2 SchKG). Die drei letztgenannten Rechtsgeschäfte sind deshalb anfechtbar, weil der Schuldner damit pfändbare in nicht pfändbare Vermögenswerte «umwandelt».

Geht es um ein Rechtsgeschäft mit einer dem Schuldner **nahe stehenden Person** (wozu auch Gesellschaften eines Konzerns gehören), so trägt diese Person die Beweislast dafür, dass kein Missverhältnis zwischen Leistung und Gegenleistung vorliegt (Art. 286 Abs. 3 SchKG).

Die Handlung muss **innerhalb eines Jahres** vor der Insolvenz (Pfändung, Konkurseröffnung, Nachlassstundung) erfolgt sein (Art. 286 Abs. 1, Art. 331 Abs. 2 SchKG).

2. Überschuldungsanfechtung (Art. 287 SchKG)

Anfechtbar sind drei Rechtshandlungen (Art. 287 Abs. 1 SchKG):

- **Bestellung von neuen Sicherheiten für alte Verbindlichkeiten,** sofern der Schuldner nicht schon von Anfang an zur Sicherheitsleistung verpflichtet war (Ziff. 1),
- Tilgung einer Geldschuld durch **unübliche Zahlungsmittel** (Ziff. 2); üblich sind etwa Barzahlung, Check oder Kreditkarte; unüblich sind z.B. Übernahme einer Sache, Abtretung einer Forderung an Zahlungs statt,
- **Zahlung einer** (noch) **nicht fälligen Schuld** (Ziff. 3).

Der Schuldner muss im Zeitpunkt der Handlung **überschuldet** gewesen sein (Art. 287 Abs. 1 SchKG). Überschuldung bedeutet, dass die Verbindlichkeiten (Fremdkapital) die Aktiven übersteigen.

Die Handlung muss **innerhalb eines Jahres** vor der Insolvenz (Pfändung, Konkurseröffnung, Nachlassstundung) erfolgt sein (Art. 287 Abs. 1, Art. 331 Abs. 2 SchKG).

Ausgeschlossen ist die Anfechtung, wenn der Begünstigte beweist, dass er die Überschuldung des Schuldners nicht gekannt hat und auch nicht hätte kennen müssen (Art. 287 Abs. 2 SchKG).

3. Absichtsanfechtung (Art. 288 SchKG)

Anfechtbar sind alle Rechtshandlungen, welche der Schuldner in der für den anderen erkennbaren Absicht vorgenommen hat, seine Gläubiger zu benachteiligen oder einzelne Gläubiger zu begünstigen (Art. 288 SchKG). Anfechtbar sind auch Rechtshandlungen, welche an sich unter Art. 286/287 SchKG fallen würden, aber ausserhalb der Jahresfrist erfolgt sind.

Geht es um ein Rechtsgeschäft mit einer dem Schuldner **nahe stehenden Person** (wozu auch Gesellschaften eines Konzerns gehören), so trägt diese Person die Beweislast dafür, dass sie die Benachteiligungsabsicht des Schuldners nicht erkennen konnte (Art. 288 Abs. 2 SchKG).

Die Handlung muss **innerhalb von fünf Jahren** vor der Insolvenz (Pfändung, Konkurseröffnung, Nachlassstundung) erfolgt sein (Art. 288, Art. 331 Abs. 2 SchKG).

§ 49 Fristen

Bei der Berechnung der sog. **Verdachtsfristen** (gemäss Art. 286–288 SchKG: ein Jahr bzw. fünf Jahre) werden **nicht mitberechnet** (Art. 288a SchKG):

- die Dauer eines vorangegangenen Nachlassverfahrens (Ziff. 1),
- bei einer konkursamtlichen Liquidation einer Erbschaft die Zeit zwischen dem Todestag und der Anordnung der Liquidation (Ziff. 2),
- die Dauer der vorausgegangenen Betreibung (Ziff. 3),
- die Dauer eines vorausgegangenen Konkursaufschubs (dass dieser Passus bei der letzten Revision gestrichen wurde, ist ein offensichtliches Versehen des Gesetzgebers).

Das Anfechtungsrecht unterliegt einer **Verjährungsfrist von zwei Jahren.** Diese kann durch den Berechtigten namentlich durch Betreibung, Schlichtungsgesuch, Klage oder Einrede vor einem Gericht oder Schiedsgericht oder durch Eingabe im Konkurs unterbrochen werden (Art. 135 Ziff. 2 OR).

Die Frist beginnt (Art. 291 SchKG):

- nach einer Pfändung: mit Zustellung des Pfändungsverlustscheins (Ziff. 1),
- im Konkurs: mit der Konkurseröffnung (Ziff. 2),
- beim Nachlassvertrag mit Vermögensabtretung: mit dessen Bestätigung durch das Nachlassgericht (Ziff. 3).

§ 50 Geltendmachung

Die Anfechtung kann aktiv **durch Klage** geltend gemacht werden. Sie kann aber auch **passiv als Einrede** gegen Ansprüche des Begünstigten vorgebracht werden. Dies kann im Rahmen einer Aussonderung (vgl. § 37 Ziff. 5 lit. b; d.h., wenn der Begünstigte einen Gegenstand aus der Konkursmasse ausscheiden will) oder der Kollokation erfolgen (vgl. § 37 Ziff. 6 lit. c; wenn der Begünstigte eine Forderung oder ein Pfandrecht geltend macht).

§ 51 Gerichtsstand

Die Anfechtungsklage ist beim Richter am Wohnsitz des Beklagten einzureichen. Hat der Beklagte keinen Wohnsitz in der Schweiz, so kann die Klage beim Richter am Ort der Pfändung oder des Konkurses eingereicht werden (Art. 289 SchKG). In der Sache handelt es sich dabei um eine Norm des internationalen Privatrechts.

§ 52 Wirkungen

Die primäre Pflicht ist die **Rückgabe** des vom Schuldner erhaltenen Vermögenswerts **in natura**. Dies gilt so lange, als der Empfänger den Vermögenswert noch hat. Ansonsten besteht (subsidiär) ein **Anspruch auf Wertersatz** (Art. 291 Abs. 1 SchKG).

Bestand die anfechtbare Handlung in der Tilgung einer Forderung, so lebt diese wieder auf, sobald der Empfänger die (paulianische) Zahlung zurückerstattet hat (Art. 291 Abs. 2 SchKG). Sie ist von Amtes wegen zu kollozieren.

Bei einer Schenkungsanfechtung (vgl. § 48 Ziff. 1) ist der gutgläubige Empfänger einer Schenkung nur bis zum Betrag seiner Bereicherung zur Rückerstattung verpflichtet (Art. 291 Abs. 3 SchKG).

Rechtstatsächliches: Im Vorfeld fast jeder Insolvenz erfolgen Handlungen des Schuldners, welche der Anfechtung unterliegen.

11. Teil: Nachlassverfahren

Das Nachlassverfahren gliedert sich in drei Phasen: die Nachlassstundung (§ 53), den Entscheid über die Genehmigung des Nachlassvertrages (vgl. § 54) und dessen Abwicklung. In Bezug auf die beiden letztgenannten Phasen ergeben sich wesentliche Unterschiede je nachdem, ob es sich um einen ordentlichen (vgl. § 55) oder um einen Nachlassvertrag mit Vermögensabtretung handelt (vgl. § 56).

Das Nachlassverfahren kann **verschiedenen Zwecken dienen** und es kann entsprechend zu **verschiedenen Ergebnissen** führen: Der Schuldner kann sich während der Nachlassstundung sanieren, so dass es nicht einmal einen Nachlassvertrag braucht (Art. 296a SchKG). Es kommt ein Nachlassvertrag zustande (Art. 306 SchKG). Oder es wird der Konkurs eröffnet (Art. 296b, Art. 309 SchKG). Ein Nachlassverfahren kann auch deshalb gewählt werden, um während der Nachlassstundung die Vermögenswerten des Schuldners (namentlich den Geschäftsbetrieb als Ganzes) bestmöglich zu veräussern, um die «Resthülle» dann zu liquidieren.

Grafik 7 gibt einen Überblick über den Ablauf des Nachlassverfahrens.

§ 53 Nachlassstundung

1. Bewilligungsverfahren

a) Gesuch

Ein Gesuch um Nachlassstundung kann vom Schuldner oder von einem Gläubiger gestellt werden oder der Konkursrichter kann die Akten dem Nachlassgericht überweisen (Art. 293 SchKG).

Der **Schuldner** muss ein **begründetes Gesuch** stellen. Mit dem Gesuch sind folgende **Beilagen** einzureichen: eine aktuelle Bilanz, eine Erfolgsrechnung und eine Liquiditätsplanung oder entsprechende Unterlagen, aus welchen die Vermögens-, Ertrags- oder Einkommenslage ersichtlich sind, und ein provisorischer Sanierungsplan (Art. 293 Abs. 1 SchKG).

Ein **Gläubiger** kann nur dann ein Gesuch um Nachlassstundung stellen, **wenn er befugt ist, ein Konkursbegehren zu stellen.** Dies setzt voraus, dass er das Fortsetzungsbegehren gestellt hat und die Konkursandrohung zugestellt worden ist (vgl. § 35 Ziff. 1 lit. c). Der Gläubiger hat ein begründetes Gesuch zu stellen (Art. 293 Abs. 2 SchKG).

b) Bewilligungsentscheid

Das Nachlassgericht muss zunächst (wenn die Voraussetzungen erfüllt sind) immer eine provisorische Nachlassstundung gewähren. Daran anschliessend kann eine definitive Nachlassstundung gewährt werden.

aa) Provisorische Nachlassstundung

Wenn das Gesuch den formellen Anforderungen entspricht, bewilligt das Nachlassgericht eine provisorische Nachlassstundung. Es trifft von Amtes wegen die zur Erhaltung des schuldnerischen Vermögens notwendigen Massnahmen (Art. 293a Abs. 1 SchKG). Wenn offensichtlich ist, dass keine Aussicht auf Sanierung oder Bestätigung eines Nachlassvertrages besteht, so eröffnet das Nachlassgericht von Amtes wegen den Konkurs (Art. 293a Abs. 3 SchKG).

Das Nachlassgericht entscheidet, wie lange die provisorische Nachlassstundung dauert. Das Gericht kann die Dauer auf Antrag auch verlängern (Art. 293a Abs. 1 SchKG). Die **Gesamtdauer** darf aber **vier Monate** nicht übersteigen (Art. 293a Abs. 2 SchKG).

In aller Regel setzt das Nachlassgericht einen **provisorischen Sachwalter** ein. Dieser prüft die Aussicht auf Sanierung oder Bestätigung eines Nachlassvertrages (Art. 293b Abs. 1 SchKG). Nur in begründeten Fällen kann von der Einsetzung eines Sachwalters abgesehen werden (Art. 293b Abs. 2 SchKG).

Die provisorische Stundung hat grundsätzlich die **gleichen Wirkungen wie eine definitive Stundung** (Art. 293c Abs. 1 SchKG; vgl. Ziff. 2 unten). Dies gilt namentlich in Bezug auf die Rechte der Gläubiger (Art. 297 SchKG) und die Verfügungsfähigkeit des Schuldners (Art. 298 SchKG).

Die Stundung ist deshalb in aller Regel auch **zu publizieren**. Nur in begründeten Fällen kann bis zum Ende der provisorischen Stundung auf die öffentliche Bekanntmachung verzichtet werden, sofern der Schutz der Dritten gewährleistet ist und ein entsprechender Antrag vorliegt. In einen solchen Fall einer **«stillen» Nachlassstundung** (Art. 293c Abs. 2 SchKG):

- unterbleibt die Mitteilung an die Ämter;
- kann gegen den Schuldner eine Betreibung eingeleitet, aber nicht fortgesetzt werden;
- endet die Wirkung einer generellen Debitorenzession (vgl. Art. 297 Abs. 4 SchKG) nur und erst, wenn die provisorische Stundung dem Zessionar mitgeteilt wird;
- ist zwingend ein provisorischer Sachwalter einzusetzen.

Die Bewilligung der provisorischen Nachlassstundung und die Einsetzung des provisorischen Sachwalters sind **nicht anfechtbar** (Art. 293d SchKG).

bb) Definitive Nachlassstundung

Ergibt sich während der provisorischen Stundung, dass Aussicht auf Sanierung oder Bestätigung eines Nachlassvertrages besteht, so bewilligt das Nachlassgericht eine definitive Nachlassstundung für weitere **vier bis sechs Monate** (Art. 294 Abs. 1 SchKG). Die Dauer der provisorischen Stundung wird daran nicht angerechnet.

Der Schuldner und der antragstellende Gläubiger sind vorgängig zu einer **Verhandlung** vorzuladen. Der provisorische Sachwalter erstattet (mündlich oder schriftlich) Bericht. Das Gericht kann weitere Gläubiger anhören (Art. 294 Abs. 2 SchKG).

Der Schuldner und die Gläubiger können den Entscheid des Nachlassgerichts **mit Beschwerde nach der ZPO** anfechten. Der Beschwerde gegen die Bewilligung der Nachlassstundung kann keine aufschiebende Wirkung erteilt werden (Art. 295c SchKG).

Auf Antrag des Sachwalters kann die Stundung auf zwölf, in besonders komplexen Fällen auf höchstens 24 Monate **verlängert** werden (Art. 295b Abs. 1 SchKG).

Bei einer Verlängerung über zwölf Monate hinaus hat der Sachwalter eine **Gläubigerversammlung** einzuberufen, welche vor Ablauf des neunten Monats seit Bewilligung der definitiven Stundung stattfinden muss (Art. 295b Abs. 2 SchKG). Der Sachwalter orientiert die Gläubiger über den Stand des Verfahrens und die Gründe der Verlängerung. Die Gläubiger können einen **Gläubigerausschuss** oder einzelne Mitglieder neu **einsetzen** oder abberufen sowie einen neuen Sachwalter bestimmen (Art. 295b Abs. 3 SchKG).

c) Öffentliche Bekanntmachung

Die Bewilligung der Stundung wird durch das Nachlassgericht öffentlich bekannt gemacht. Sie wird auch dem Betreibungs-, dem Handelsregister- und Grundbuchamt unverzüglich mitgeteilt. Die Nachlassstundung ist spätestens zwei Tage nach Bewilligung im Grundbuch anzumerken (Art. 296 SchKG).

d) Beendigung der Stundung

Gelingt die Sanierung vor Ablauf der Stundung, so **hebt** das Nachlassgericht die **Stundung** von Amtes wegen **auf.** Der Schuldner und der antragstellende Gläubiger sind zu einer Verhandlung vorzuladen. Der Sachwalter erstattet (mündlich oder schriftlich) Bericht. Das Gericht kann weitere Gläubiger anhören. Der Entscheid kann mit Beschwerde nach der ZPO angefochten werden (Art. 296a SchKG).

Vor Ablauf der Stundung wird von Amtes wegen der **Konkurs eröffnet,** wenn (Art. 296b SchKG)

- dies zur Erhaltung des schuldnerischen Vermögens erforderlich ist;
- offensichtlich keine Aussicht auf Sanierung oder Bestätigung eines Nachlassvertrages besteht;
- der Schuldner Art. 298 SchKG oder den Weisungen des Sachwalters zuwiderhandelt; oder
- der Nachlassvertrag abgelehnt wird (Art. 309 SchKG).

2. Wirkungen der Nachlassstundung

Die Wirkungen der Nachlassstundung sind grundsätzlich dieselben, unabhängig davon, ob es sich um eine provisorische (Art. 293c Abs. 1 SchKG; vgl. lit. b/aa oben) oder definitive Nachlassstundung handelt (vgl. lit. b/bb oben).

a) Auf die Rechte der Gläubiger

Die Nachlassstundung hat geringere Auswirkungen auf die Rechte der Gläubiger als die Konkurseröffnung, nämlich folgende.

Während der Stundung kann gegen den Schuldner **eine Betreibung weder eingeleitet noch fortgesetzt werden.** Ausgenommen vom Betreibungsverbot ist einzig die Betreibung auf Pfandverwertung für grundpfandgesicherte Forderungen; die Verwertung des Grundpfandes bleibt dagegen ausgeschlossen (Art. 297 Abs. 1 SchKG).

Liegt dem Betreibungsamt im Rahmen der Spezialexekution jedoch schon Bargeld vor, so wird dieses noch nach den Bestimmungen der Spezialexekution verteilt (Art. 297 Abs. 2 i.V.m. Art. 199 Abs. 2 SchKG).

Für Nachlassforderungen sind ein **Arrest** oder sind andere **Sicherungsmassnahmen ausgeschlossen** (Art. 297 Abs. 3 SchKG).

Wurde vor der Bewilligung der Nachlassstundung die **Abtretung einer künftigen Forderung** vereinbart, **entfaltet** diese Abtretung **keine Wirkung,** wenn die Forderung erst nach der Bewilligung der Nachlassstundung entsteht (Art. 297 Abs. 4 SchKG; zu den Besonderheiten bei der provisorischen «stillen» Stundung vgl. Ziff. 1. lit. a/aa oben).

Mit Ausnahme von dringlichen Fällen werden **Zivilprozesse** oder **Verwaltungsverfahren** über Nachlassforderungen **sistiert** (Art. 297 Abs. 5 SchKG).

Verjährungs- und Verwirkungsfristen stehen während der Nachlassstundung **still** (Art. 297 Abs. 6 SchKG).

Der **Zinsenlauf hört** für alle nicht pfandgesicherten Forderungen **auf.** Vorbehalten bleibt, wenn der Nachlassvertrag etwas anderes vorsieht (Art. 297 Abs. 7 SchKG).

Die **Bestimmungen über die Verrechnung** im Konkurs (Art. 213 f. SchKG; vgl. § 36 Ziff. 3 lit. e) gelten entsprechend. Massgeblich ist die Bewilligung der Nachlassstundung (Art. 297 Abs. 8 SchKG).

Eine **Umwandlung von Real- in Geldforderungen** (Art. 211 Abs. 1 SchKG) gilt sinngemäss, sofern und sobald der Sachwalter der Vertragspartei die Umwandlung der Forderung mitteilt (Art. 297 Abs. 9 SchKG).

Die Nachlassstundung bewirkt (anders als die Konkurseröffnung):

- nicht, dass **Zahlungen** nicht mehr **an den Schuldner** geleistet werden können (im Konkurs Art. 205 SchKG; vgl. § 36 Ziff. 2 lit. c),
- **keine vorzeitige Fälligkeit** (im Konkurs Art. 208 SchKG; vgl. § 36 Ziff. 3 lit. a).

b) Auf die Verfügungsbefugnisse des Schuldners

Die Bewilligung einer Nachlassstundung hat auf die Verfügungsfähigkeit des Schuldners in dreierlei Hinsicht Auswirkungen.

Der Sachwalter kann (und wird) dem Schuldner **Weisungen erteilen** (Art. 298 Abs. 4 SchKG). Ansonsten kann der Schuldner seine Geschäftstätigkeit unter Aufsicht des Sachwalters fortsetzen (Art. 298 Abs. 1 SchKG). Trotz Verstoss gegen die Weisungen sind die Rechtshandlungen des Schuldners wirksam.

Gewisse Handlungen bedürfen der **Ermächtigung des Nachlassgerichts oder des Gläubigerausschusses** (sofern ein solcher bestellt worden ist). Dies gilt für die Veräusserung von Teilen des Anlagevermögens, die Bestellung von Pfändern, den Abschluss von Bürgschaften und dem Ausrichten von unentgeltlichen Verfügungen (Art. 298 Abs. 2 SchKG). Mangels Ermächtigung sind solche Rechtsgeschäfte vollstreckungsrechtlich unbeachtlich. Die Rechte gutgläubiger Dritter bleiben jedoch vorbehalten (Art. 298 Abs. 3 SchKG).

Das Nachlassgericht kann auch anordnen, dass der Schuldner gewisse Handlungen rechtsgültig nur unter **Mitwirkung des Sachwalters** vornehmen kann. Es kann den Sachwalter auch ermächtigen, die **Geschäftsführung anstelle des Schuldners zu übernehmen** (Art. 298 Abs. 1 SchKG). Handelt der Schuldner alleine, sind diese Handlungen vollstreckungsrechtlich unbeachtlich. Auch diesbezüglich bleiben die Rechte gutgläubiger Dritter vorbehalten (Art. 298 Abs. 3 SchKG).

Handelt der Schuldner diesen Bestimmungen oder den Weisungen des Sachwalters **zuwider,** kann das Nachlassgericht auf Anzeige des Sachwalters dem Schuldner die Verfügungsbefugnis über sein Vermögen entziehen oder von Amtes wegen den Konkurs eröffnen (Art. 298 Abs. 4 SchKG; vgl. Ziff. 1 lit. d oben).

3. Aufgaben des Sachwalters

Der Sachwalter ist ein **Organ des Zwangsvollstreckungsverfahrens.** Er nimmt **öffentlichrechtliche Aufgaben** wahr. Die Bestimmungen über die Protokollführung und Akteneinsicht (Art. 8/8a SchKG), die Ausstandspflicht (Art. 10 SchKG), verbotene Rechtsgeschäfte (Art. 11 SchKG), die Disziplinarmassnahmen (Art. 14 SchKG), die betreibungsrechtliche Beschwerde (Art. 17–19 SchKG) und über die Mitteilungen (Art. 34 f. SchKG) gelten sinngemäss.

Der Sachwalter **entwirft den Nachlassvertrag,** sofern dies erforderlich ist (Art. 295 Abs. 2 lit. a SchKG). Er **überwacht die Handlungen des Schuldners** und **erteilt ihm Weisungen** (Art. 295 Abs. 2 lit. b und Art. 298 Abs. 4 SchKG).

Er nimmt unverzüglich ein **Inventar** über sämtliche Vermögenswerte des Schuldners auf und **schätzt** diese (Art. 299 Abs. 1 SchKG). Er schätzt namentlich die Pfandobjekte und legt den Gläubigern diese zur Einsicht auf, er teilt sie vor der Gläubigerversammlung den Pfandgläubigern und dem Schuldner schriftlich mit (Art. 299 Abs. 2 SchKG). Diese Schätzung ist massgeblich dafür, in welchem Umfang der Pfandgläubiger dem Nachlassvertrag unterworfen ist (vgl. § 54 Ziff. 2). Jeder Beteiligte kann innert zehn Tagen beim Nachlassgericht gegen Vorschuss der Kosten eine neue Pfandschätzung verlangen (Art. 299 Abs. 3 SchKG).

Der Sachwalter fordert die Gläubiger mittels **Schuldenruf** auf, ihre Forderung innert einem Monat einzugeben. Die Aufforderung erfolgt durch öffentliche Bekanntmachung. Zusätzlich erhält jeder Gläubiger, dessen Name und Wohnort bekannt ist, eine **individu-**

elle Mitteilung mit uneingeschriebenem Brief zugestellt. Wird die Frist von einem Monat nicht eingehalten, so kommt dem Gläubiger bei den Verhandlungen über den Nachlassvertrag kein Stimmrecht zu (Art. 300 Abs. 1 SchKG). Er kann seine Forderung aber auch später noch eingeben.

Der Sachwalter holt die **Erklärung des Schuldners** über jede eingegebene Forderung ein (Art. 300 Abs. 2 SchKG). Soweit die Forderung vom Schuldner bestritten wird, muss das Nachlassgericht bei der Bestätigung des Nachlassvertrages über die Stimmberechtigung dieses Gläubigers entscheiden (Art. 305 Abs. 3 SchKG; vgl. § 54 Ziff. 2). Beim ordentlichen Nachlassvertrag setzt das Nachlassgericht den Gläubigern von bestrittenen Forderungen Frist an, um gegen den Schuldner Klage über die Forderung einzuleiten (Art. 315 SchKG; vgl. § 55 Ziff. 3).

Der Sachwalter **beruft** durch öffentliche Bekanntmachung **eine Gläubigerversammlung ein und leitet diese** (Art. 301 SchKG; vgl. Ziff. 4 unten).

Er erstattet vor Ablauf der Nachlassstundung seinen **Bericht** zuhanden des Nachlassgerichts (Art. 304 SchKG; vgl. Ziff. 6 unten).

Der Sachwalter **erstattet** auf Anordnung des Nachlassgerichts **Zwischenberichte** und **orientiert die Gläubiger über den Verlauf der Stundung** (Art. 295 Abs. 2 lit. d SchKG).

Das Nachlassgericht kann dem Sachwalter auch **weitere Aufgaben** zuweisen (Art. 295 Abs. 3 SchKG). Bei Genehmigung eines ordentlichen Nachlassvertrages kann das Nachlassgericht den Sachwalter auch mit der **Überwachung des Vollzugs** des Nachlassvertrages beauftragen (Art. 314 Abs. 2 SchKG).

4. Gläubigerausschuss

Während der provisorischen Nachlassstundung gibt es (noch) keinen Gläubigerausschuss. Während der definitiven Nachlassstundung kann es in zweierlei Hinsicht zur Bestellung eines Gläubigerausschusses kommen: Wird die definitive Nachlassstundung über zwölf Monate verlängert, so hat der Sachwalter eine **Gläubigerversammlung** einzuberufen (Art. 295a Abs. 2 SchKG). Diese kann einen Gläubigerausschuss **wählen** (Art. 295a Abs. 3 SchKG). Wo es die Umstände erfordern, **setzt das Nachlassgericht** einen Gläubigerausschuss ein; verschiedene Gläubigerkategorien müssen angemessen vertreten sein (Art. 295a Abs. 1 SchKG).

Der Gläubigerausschuss **beaufsichtigt den Sachwalter.** Er kann ihm Empfehlungen erteilen und wird von ihm regelmässig über den Stand des Verfahrens orientiert (Art. 295a Abs. 2 SchKG).

Der Gläubigerausschuss **erteilt** anstelle des Nachlassgerichts die **Ermächtigung von Geschäften gemäss Art. 298 Abs. 2 SchKG** (Art. 295a Abs. 3 SchKG; vgl. § 45 und oben Ziff. 2 lit. b).

5. Gläubigerversammlung

Sobald ein Entwurf des Nachlassvertrages erstellt ist, beruft der Sachwalter eine Gläubigerversammlung ein. Dies erfolgt durch **öffentliche Bekanntmachung.** Zusätzlich erhält jeder Gläubiger, dessen Name und Wohnort bekannt ist, eine **individuelle Mitteilung** mit uneingeschriebenem Brief zugestellt. Die Akten können während 20 Tagen vor der Versammlung eingesehen werden. Die öffentliche Bekanntmachung muss mindestens einen Monat vor der Versammlung erfolgen (Art. 301 SchKG).

Der **Sachwalter** leitet die Gläubigerversammlung. Er **erstattet Bericht** über die Vermögens-, Ertrags- bzw. Einkommenslage des Schuldners (Art. 302 Abs. 1 SchKG). Der **Schuldner** ist gehalten, an der Versammlung teilzunehmen und auf Verlangen Aufschlüsse zu erteilen (Art. 302 Abs. 2 SchKG).

Bei einem Nachlassvertrag mit Vermögensabtretung hat die Versammlung zwingend einen **Liquidator** und einen **Gläubigerausschuss zu wählen** (Art. 317 Abs. 2 SchKG; vgl. § 56 Ziff. 2).

Die Versammlung berät über den Nachlassvertrag, eine Abstimmung findet nicht statt. Die **Zustimmungen** zum Nachlassvertrag müssen die Gläubiger individuell und **schriftlich abgeben** (Art. 302 Abs. 3 SchKG). Dies kann noch bis zur Verhandlung über die Genehmigung des Nachlassvertrages erfolgen.

6. Wahrung der Rechte gegen Mitverpflichtete

Mit Zustimmung zu einem Nachlassvertrag verzichten die Gläubiger (zumindest implizit) auf einen Teil ihrer Forderung. Wo neben dem Schuldner **Mitverpflichtete** (wie Bürgen, Solidarschuldner oder Gewährspflichtige; Art. 303 Abs. 1 SchKG) bestehen, muss deren Rechtsstellung gewahrt bleiben. Tut dies der Gläubiger nicht, kann er seinen Ansprüchen gegen die Mitverpflichteten verlustig gehen.

Ein Gläubiger, welcher dem Nachlassvertrag **nicht zustimmt,** wahrt seine sämtlichen Rechte gegen die Mitschuldner (Art. 303 Abs. 1 SchKG).

Ein Gläubiger, welcher dem Nachlassvertrag **zustimmt,** wahrt seine Rechte gegen Mitverpflichtete, sofern er ihnen mindestens zehn Tage im Voraus Ort und Zeit der Gläubigerversammlung mitteilt und ihnen die Abtretung seiner Forderung gegen Zahlung angeboten hat (Art. 303 Abs. 2 SchKG). Er kann die Mitverpflichteten auch ermächtigen, an seiner Stelle über die Zustimmung zum Nachlassvertrag zu entscheiden (Art. 303 Abs. 3 SchKG).

7. Sachwalterbericht/öffentliche Bekanntmachung/richterlicher Entscheid

Vor Ablauf der Nachlassstundung unterbreitet der Sachwalter seinen **Bericht** samt allen Aktenstücken dem Nachlassgericht. In seinem Bericht orientiert der Sachwalter über die erfolgten Zustimmungen der Gläubiger bzw. darüber, ob das notwendige Quorum (vgl. § 54 Ziff. 2) erreicht ist. Er empfiehlt die Bestätigung oder Ablehnung des Nachlassvertrages (Art. 304 Abs. 1 SchKG). Der Sachwalterbericht bildet die Grundlage für den richterlichen Entscheid über die Genehmigung des Nachlassvertrages.

Es findet eine **Verhandlung über den Nachlassvertrag** statt. Ort und Zeit der Verhandlung werden öffentlich bekannt gemacht. Den Gläubigern wird angezeigt, dass sie Einwendungen gegen den Nachlassvertrag in der Verhandlung vorbringen können (Art. 304 Abs. 3 SchKG). Das Nachlassgericht trifft beförderlich seinen Entscheid (Art. 304 Abs. 2 SchKG). Dieser lautet auf Bestätigung (vgl. § 54 Ziff. 4 lit. b) oder Ablehnung des Nachlassvertrages bzw. auf Eröffnung des Konkurses (vgl. § 54 Ziff. 4 lit. a).

§ 54 Allgemeine Bestimmungen über den Nachlassvertrag

1. Gerichtlicher und aussergerichtlicher Nachlassvertrag

Gerichtliche und aussergerichtliche Nachlassverträge können denselben Inhalt haben. Sie unterscheiden sich danach, wie sie zustande kommen: Ein **aussergerichtlicher Nachlassvertrag** ist eine bilaterale vertragliche Abrede zwischen dem Schuldner und einem Gläubiger (vgl. Art. 115 OR). Er kommt nur zustande, wenn der Gläubiger damit einverstanden ist. Die übrigen Gläubiger sind davon nicht betroffen. Der Schuldner kann mit seinen Gläubigern unterschiedliche Abreden treffen (Vertragsfreiheit). Der aussergerichtliche Nachlassvertrag untersteht dem Obligationenrecht (**OR**) und nicht dem SchKG.

Der **gerichtliche Nachlassvertrag** ist inhaltlich für alle Gläubiger identisch. Er bedarf der richterlichen Genehmigung (vgl. Ziff. 3 unten). Es genügt, dass eine (qualifizierte) Mehrheit von Gläubigern zustimmt (vgl. Ziff. 2 unten). Wenn der Richter die Genehmigung erteilt (vgl. Ziff. 3 unten), sind auch die nichtzustimmenden Gläubiger gebunden (Zwangsvergleich). Der gerichtliche Nachlassvertrag untersteht dem **SchKG**.

2. Annahme durch die Gläubiger

Der Nachlassvertrag muss von einer **(qualifizierten) Mehrheit** (Quorum) von Gläubigern angenommen werden: Entweder müssen die Mehrheit der Gläubiger (nach Köpfen) zustimmen, welche gleichzeitig zwei Drittel der Forderungssummen vertreten. Oder es muss ein Viertel der Gläubiger zustimmen, welche gleichzeitig drei Viertel der Forderungssummen vertreten (Art. 305 Abs. 1 SchKG). Die Zustimmung muss individuell und **unterschriftlich** erfolgen (Art. 302 Abs. 3 SchKG). Damit sind die erfolgten Zustimmungen für das Nachlassgericht nachprüfbar. Die Zustimmungen können bis zur Bestätigungsverhandlung erfolgen (vgl. § 53 Ziff. 6).

Kein Stimmrecht haben Gläubiger, welche ihre Forderungen nicht innert der Frist von einem Monat eingegeben haben (Art. 300 Abs. 1 SchKG; vgl. § 53 Ziff. 3). Gewisse Personen und Gläubiger werden zur Ermittlung der notwendigen Quoren **nicht mitgerechnet:** die privilegierten Gläubiger (Art. 219 Abs. 4 SchKG), der Ehegatte und der eingetragene Partner. Bei pfandgesicherten Forderungen wird nur der Betrag mitgezählt, der nach Schätzung des Sachwalters ungedeckt bleibt (Art. 305 Abs. 2 SchKG).

Ob und in welchem Betrag bedingte Forderungen, solche mit ungewisser Verfallzeit sowie bestrittene Forderungen, mitzuzählen sind,

entscheidet das Nachlassgericht. Dem gerichtlichen Entscheid über den Bestand von bestrittenen Forderungen (Art. 315 SchKG; vgl. § 55 Ziff. 3) wird dadurch nicht vorgegriffen (Art. 305 Abs. 3 SchKG).

3. Entscheid des Nachlassgerichts

Eine **ungenügende Regelung** im Nachlassvertrag kann vom Richter auf Antrag oder von Amtes wegen **ergänzt** werden (Art. 306 Abs. 2 SchKG).

Damit ein Nachlassvertrag bestätigt werden kann, müssen folgende Voraussetzungen erfüllt sein:

1. Der **Wert der angebotenen Leistungen im richtigen Verhältnis** zu den Möglichkeiten des Schuldners **stehen.** Bei dieser Beurteilung kann der Richter auch Anwartschaften (d.h. erst zukünftige Vermögensanfälle) berücksichtigen (Art. 306 Abs. 1 Ziff. 1 SchKG).
2. **Sämtliche angemeldeten privilegierten Forderungen müssen vollständig bezahlt werden können.** Die Erfüllung der während der Nachlassstundung mit Zustimmung des Sachwalters eingegangenen Verbindlichkeiten (welche Masseverbindlichkeiten sind; Art. 310 Abs. 2 SchKG) muss hinlänglich sichergestellt werden, soweit nicht einzelne Gläubiger ausdrücklich auf Sicherstellung verzichtet haben (Art. 306 Abs. 1 Ziff. 2 SchKG).
3. Bei einem **ordentlichen Nachlassvertrag** (vgl. § 55) müssen die Anteilseigner einen angemessenen Sanierungsbeitrag leisten (Art. 306 Abs. 1 Ziff. 3 SchKG).

Auf Begehren des Schuldners kann das Nachlassgericht **die Verwertung von Grundpfändern** für eine gewisse Zeit **einstellen** (vgl. Art. 306a SchKG).

Der Entscheid über den Nachlassvertrag kann mit **Beschwerde nach der ZPO** angefochten werden. Die Beschwerde hat aufschiebende Wirkung, sofern die Rechtsmittelinstanz nichts anderes verfügt (Art. 307 SchKG).

Sobald der Entscheid vollstreckbar ist, wird er **öffentlich bekannt** gemacht und dem Betreibungs-, Konkurs-, Grundbuchamt **mitgeteilt.** Ist ein im Handelsregister eingetragener Schuldner betroffen, wird der Entscheid auch dem Handelsregisteramt mitgeteilt (Art. 308 Abs. 1 SchKG). Die Wirkungen der Nachlassstundung (vgl. § 53 Ziff. 2) fallen mit der Vollstreckbarkeit des Entscheides dahin (Art. 308 Abs. 2 SchKG).

Rechtstatsächliches: Jährlich werden etwa 100 bis 200 Nachlassverträge genehmigt. Juristische Personen bieten ihren Gläubigern meist Nachlassverträge mit Vermögensabtretung an. Natürliche Personen offerieren meist ordentliche Nachlassverträge (Dividendenvergleiche).

4. Wirkungen des richterlichen Entscheids

Die Wirkungen sind unterschiedlich, je nachdem, ob der Nachlassvertrag vom Gericht abgelehnt oder bestätigt wird.

a) Ablehnung des Nachlassvertrages

Wird der Nachlassvertrag vom Nachlassgericht abgelehnt, so eröffnet dieses von Amtes wegen den Konkurs (Art. 309 SchKG; vgl. § 35 Ziff. 3 lit. c).

b) Bestätigung des Nachlassvertrages

Wird der Nachlassvertrag bestätigt, so ist er **für sämtliche Forderungen verbindlich,** die vor der Nachlassstundung oder seither ohne Zustimmung des Sachwalters entstanden sind. **Ausgenommen** sind die durch das Pfandobjekt gedeckten Pfandforderungen (Art. 310 Abs. 1 SchKG). Die während der Nachlassstundung mit

Zustimmung des Sachwalters eingegangenen Verbindlichkeiten stellen (in einem nachfolgenden Konkurs oder beim Nachlassvertrag mit Vermögensabtretung) Masseverbindlichkeiten dar. Gleiches gilt für Gegenforderungen aus einen Dauerschuldverhältnis, soweit der Schuldner mit Zustimmung des Sachwalters daraus während der Nachlassstundung Leistungen in Anspruch genommen hat (Art. 310 Abs. 2 SchKG).

Alle gegen den Schuldner eingeleiteten **Betreibungen fallen dahin. Ausgenommen** sind jene auf Pfandverwertung, da die pfandgesicherten Forderungen (im Umfang der Pfanddeckung) nicht unter den Nachlassvertrag fallen. Liegt dem Betreibungsamt im Rahmen der Spezialexekution schon Bargeld vor, so wird dieses noch nach den Bestimmungen der Spezialexekution verteilt (Art. 311 i.V.m. Art. 199 Abs. 2 SchKG).

Der Schuldner ist unter Straffolge gehalten, seine Gläubiger gemäss den Bestimmungen des Nachlassvertrages gleich zu behandeln (Art. 167 f. StGB). Jedes **Versprechen,** durch welches der Schuldner einem Gläubiger mehr zusichert, als ihm gemäss dem Nachlassvertrag zusteht, ist zivilrechtlich nichtig (Art. 20 OR; Art. 312 SchKG).

5. Widerruf und Aufhebung des Nachlassvertrages

Ist ein Nachlassvertrag auf unredliche Weise zustande gekommen, so kann jeder Gläubiger beim Nachlassgericht den **Widerruf** des Nachlassvertrages verlangen (Art. 313 Abs. 1 SchKG). Die Bestimmungen über den Weiterzug (Art. 307 SchKG), die öffentliche Bekanntmachung (Art. 308 SchKG) und die Wirkungen (Art. 309 SchKG) gelten für den Widerruf sinngemäss (Art. 313 Abs. 2 SchKG).

Beim ordentlichen Nachlassvertrag kann jeder Gläubiger, dem gegenüber der Nachlassvertrag nicht eingehalten worden ist, für seine Forderung beim Nachlassgericht die **Aufhebung** verlangen (Art. 316 SchKG; vgl. § 55 Ziff. 4).

§ 55 Ordentlicher Nachlassvertrag

1. Inhalt

Vom ordentlichen Nachlassvertrag spricht man, wenn ein sog. Stundungs- oder Dividendenvergleich vorliegt. Beim **Stundungsvergleich** bekommt der Gläubiger den vollen Forderungsbetrag. Die Zahlung wird aber gestundet, d.h. (zumindest teilweise) aufgeschoben.

Beim **Dividendenvergleich** erhält der Gläubiger einen Teil (die Dividende) und muss auf die Restforderung verzichten. Im Nachlassvertrag ist zu regeln, wann die Gläubiger welche Zahlung(en) erhalten. Eine allfällige Sicherstellung ist ebenfalls zu regeln (Art. 314 Abs. 1 SchKG).

Die Nachlassdividende kann ganz oder teilweise aus **Anteils- oder Mitgliedschaftsrechten** an der schuldnerischen Gesellschaft oder einer Auffanggesellschaft bestehen (Art. 314 Abs. 1bis SchKG).

Im Umfang des Forderungsverzichts wird der Schuldner entschuldet. Er kann sich damit sanieren. Es gibt **keine Verlustscheine.**

2. Vollzug

An sich obliegt der Vollzug eines ordentlichen Nachlassvertrages (nach Genehmigung durch das Nachlassgericht) dem Schuldner. Das Nachlassgericht kann aber den ehemaligen Sachwalter oder einen Dritten damit betrauen, die **Durchführung und Sicherstellung des Nachlassvertrages zu überwachen** (Art. 314 Abs. 2 SchKG). Damit soll sichergestellt werden, dass der Nachlassvertrag auch wirklich erfüllt wird.

3. Bei bestrittenen Forderungen

Soweit der Schuldner Forderungen bestritten hat (vgl. § 53 Ziff. 3), nehmen diese Forderungen an der Verteilung (vorerst) nicht teil. Das Nachlassgericht setzt solchen Gläubigern eine **Frist von 20 Tagen** an, um ihre **Forderung** gegen den Schuldner **gerichtlich geltend zu machen.** Wird die Klagefrist verpasst, so verliert der Gläubiger (nur) die Sicherstellung der Dividende; der Anspruch selbst verwirkt nicht. Die Klage ist am Ort des Nachlassverfahrens zu führen (Art. 315 Abs. 1 SchKG).

4. Nichterfüllung des Nachlassvertrages

Erfüllt der Schuldner den Nachlassvertrag gegenüber einzelnen Gläubigern nicht, so kann der betroffene Gläubiger für seine Forderung beim Nachlassgericht die **Aufhebung des Nachlassvertrages** verlangen (Art. 316 Abs. 1 SchKG). Der Entscheid kann mit **Beschwerde nach ZPO** angefochten werden (Art. 316 Abs. 2 i.V.m. Art. 307 SchKG).

§ 56 Nachlassvertrag mit Vermögensabtretung

Grafik 7 gibt einen Überblick über den Ablauf des Verfahrens nach Bestätigung eines Nachlassvertrages mit Vermögensabtretung. Da es sich ebenfalls um eine Generalexekution handelt (vgl. § 3), läuft das Verfahren ähnlich ab wie im Konkurs.

1. Wesen, Inhalt und Wirkung der Bestätigung

Durch einen Nachlassvertrag mit Vermögensabtretung (auch Liquidationsvergleich genannt) **räumt der Schuldner seinen Gläubigern das Verfügungsrecht über sein Vermögen ein** oder er **tritt**

dieses an einen Dritten ab. In der Regel ist das gesamte schuldnerische Vermögen davon betroffen. Es kann jedoch auch nur ein Teil des Vermögens betroffen sein (Art. 317 Abs. 1 SchKG); in diesem Fall muss im Nachlassvertrag eine genaue Ausscheidung des Vermögens vorgenommen werden, welches unter den Nachlassvertrag fällt (Art. 318 Abs. 2 SchKG).

Die **Nachlassdividende** kann auch ganz oder teilweise **aus Anteils- oder Mitgliedschaftsrechten** an der schuldnerischen Gesellschaft oder an einer Auffanggesellschaft bestehen (Art. 318 Abs. 1bis SchKG).

Der **Nachlassvertrag** regelt den Verzicht der Gläubiger auf den bei der Liquidation nicht gedeckten Forderungsbetrag. Es kann auch ein **Nachforderungsrecht** vorgesehen werden (Art. 318 Abs. 1 Ziff. 1 SchKG). Es gibt **keine Verlustscheine** am Ende des Verfahrens.

Es werden die **Liquidatoren** und die **Anzahl der Mitglieder des** (obligatorischen) **Gläubigerausschusses** bezeichnet; deren Befugnisse sind im Nachlassvertrag abzugrenzen (Art. 318 Abs. 1 Ziff. 2 SchKG).

Soweit die Art und Weise der Liquidation nicht im Gesetz geregelt ist, muss sie der Nachlassvertrag regeln. Wird das Vermögen an einen Dritten abgetreten, so ist die Art und die Sicherstellung der Abtretung im Nachlassvertrag zu regeln (Art. 318 Abs. 1 Ziff. 3 SchKG).

Erfolgt die **Publikation** neben den amtlichen Blättern noch in anderen Publikationsorganen, so sind diese im Nachlassvertrag zu bestimmen (Art. 318 Abs. 1 Ziff. 4 SchKG).

Mit der rechtskräftigen Bestätigung des Nachlassvertrages erlöschen das Verfügungsrecht des Schuldners und die Zeichnungsbefugnis der bisherigen Berechtigten (Art. 319 Abs. 1 SchKG).

2. Organe

Die Verfahrensleitung erfolgt durch den **Liquidator** (oder mehrere Liquidatoren). Dieser wird von der Gläubigerversammlung gewählt (vgl. § 53 Ziff. 4). Es kann auch der ehemalige Sachwalter als Liquidator gewählt werden (Art. 317 Abs. 2 SchKG), was in der Praxis der Regelfall ist.

Der Liquidator hat **alle zur Erhaltung und Verwertung der Masse** sowie zur allfälligen Übertragung des abgetretenen Vermögens **gehörenden Geschäfte vorzunehmen** (Art. 319 Abs. 3 SchKG). Er vertritt die Masse vor Gericht (Art. 319 Abs. 4 SchKG).

Der Liquidator untersteht der **Aufsicht und Kontrolle des Gläubigerausschusses** (Art. 320 Abs. 1 SchKG). Gegen Anordnungen des Liquidators über die Verwertung kann innerhalb von zehn Tagen seit Kenntnisnahme Einsprache beim Gläubigerausschuss erhoben werden. Gegen die Verfügung des Gläubigerausschusses kann betreibungsrechtliche Beschwerde an die Aufsichtsbehörde geführt werden (Art. 320 Abs. 2 SchKG).

Im Übrigen gelten für den Liquidator die Art. 8–11 (Protokolle und Register, Einsichtsrecht, Aufbewahrung von Geld und Wertsachen, Ausstandspflicht, verbotene Rechtsgeschäfte), Art. 14 (Geschäftsführung und Disziplinarmassnahmen), Art. 34 (Mitteilungen) und Art. 35 (öffentliche Bekanntmachung) sinngemäss (Art. 320 Abs. 3 SchKG).

Zudem braucht es beim Nachlassvertrag mit Vermögensabtretung zwingend einen **Gläubigerausschuss.** Die Mitglieder werden ebenfalls von der Gläubigerversammlung gewählt (Art. 317 Abs. 2 SchKG; vgl. § 53 Ziff. 4). Sie üben die **Aufsicht und Kontrolle** über den Liquidator aus (Art. 320 Abs. 1 SchKG).

3. Kollokation

Die konkursrechtlichen Bestimmungen über die Kollokation (Art. 244 bis 251 SchKG; vgl. § 37 Ziff. 6 lit. c) gelten sinngemäss (Art. 321 Abs. 2 SchKG). Anders als im Konkurs werden jedoch die aus den Geschäftsbüchern des Schuldners ersichtlichen Forderungen von Amtes wegen bei der Kollokation berücksichtigt (Art. 321 Abs. 1 SchKG).

4. Absonderung, Aussonderung und Admassierung

Die konkursrechtlichen Bestimmungen über die Absonderung, Aussonderung und Admassierung (Art. 242 SchKG; vgl. § 37 Ziff. 5) gelten sinngemäss (Art. 319 Abs. 4 SchKG).

5. Verwertung

Die **Verwertungsarten** sind dieselben wie im Konkurs: Eintreibung von Forderungen, Versteigerung, Freihandverkauf oder Abtretung von streitigen Rechtsansprüchen (Art. 322 Abs. 1, Art. 325 SchKG). **Art und Zeitpunkt** der Verwertung bestimmt der Liquidator im Einverständnis mit dem Gläubigerausschuss (Art. 322 Abs. 2 SchKG).

Pfandbelastete Grundstücke können nur dann freihändig verwertet werden, wenn die Zustimmung der Pfandgläubiger vorliegt, deren Forderungen durch den Erwerbspreis nicht gedeckt sind. Andernfalls sind pfandbelastete Grundstücke durch öffentliche Versteigerung zu verwerten. Beide Verwertungsarten setzen voraus, dass vorgängig ein Lastenverzeichnis erstellt wird (Art. 323 SchKG).

Den Faustpfandgläubigern steht ein Absonderungsrecht zu. Sie können deshalb in dem ihnen gut scheinenden Zeitpunkt Betreibung auf Pfandverwertung einleiten oder (wenn sie sich dies vertraglich ausbedungen haben) ihr Selbstverwertungsrecht ausüben

(Art. 324 Abs. 1 SchKG). Erfordert jedoch das Interesse der Masse, dass ein Pfandobjekt verwertet wird, so kann der Liquidator dem Pfandgläubiger eine Frist von mindestens sechs Monaten ansetzen, innert welcher er das Pfandobjekt verwerten muss. Bei unbenutztem Fristablauf muss der Pfandgläubiger dem Liquidator das Pfandobjekt abliefern und es wird durch diesen verwertet (Art. 324 Abs. 2 SchKG).

Strittige Rechtsansprüche können **analog Art. 260 SchKG** im Konkurs (vgl. § 37 Ziff. 8 lit. c) an einzelne Gläubiger zur Geltendmachung abgetreten werden. Dies gilt namentlich für paulianische Anfechtungsansprüche (Art. 285 ff. SchKG) oder aktienrechtliche Verantwortlichkeitsansprüche (Art. 752 ff. OR). Die Kompetenz zum Verzicht auf die Geltendmachung des Anspruches namens der Nachlassmasse kommt dem Liquidator und dem Gläubigerausschuss zu (Art. 325 SchKG).

6. Anfechtung von Rechtshandlungen

Wie im Konkurs unterliegen auch beim Nachlassvertrag mit Vermögensabtretung Rechtshandlungen des Schuldners vor der Insolvenz der Anfechtung. Es gelten grundsätzlich dieselben Grundsätze wie in Art. 285–292 SchKG (vgl. § 45). In zeitlicher Hinsicht unterliegen alle **Rechtshandlungen** des Schuldners, die er **vor der Bestätigung des Nachlassvertrages vorgenommen** hat, der Anfechtung (Art. 331 Abs. 1 SchKG). Damit sind auch Rechtshandlungen während der Nachlassstundung anfechtbar.

Für die Verdachtsfristen (Art. 286–288 SchKG) ist die Bewilligung der Nachlassstundung oder des Konkursaufschubs massgebend, wenn ein solcher der Nachlassstundung vorausgegangen ist (Art. 331 Abs. 2 SchKG). Die zweijährige Verjährungsfrist (Art. 292 SchKG) beginnt mit der Genehmigung des Nachlassvertrages zu laufen.

Soweit Anfechtungsansprüche der Masse zur ganzen oder teilweisen Abweisung von Ansprüchen führen, sind die Liquidatoren zur **einredeweisen Geltendmachung** befugt und verpflichtet (Art. 331 Abs. 3 SchKG).

7. Verteilung

Wie im Konkurs (vgl. § 37 Ziff. 7) ist vor jeder Verteilung (sei es eine Abschlagszahlung oder die Schlussverteilung) eine **Verteilungsliste** durch den Liquidator zu erstellen und während zehn Tagen aufzulegen. Während der Auflagefrist unterliegt die Verteilungsliste der Anfechtung durch betreibungsrechtliche Beschwerde. Der Liquidator stellt jedem Gläubiger einen Auszug aus der Verteilungsliste zu (Art. 326 SchKG). Anders als im Konkurs werden **keine Verlustscheine** ausgestellt.

In welchem Ausmass die **Pfandgläubiger** an der Verteilung teilnehmen, hängt davon ab, ob das Pfandobjekt schon verwertet worden ist oder nicht: Ist es schon verwertet, nehmen die Pfandgläubiger mit dem tatsächlichen Pfandausfall teil. Dessen Höhe wird durch den Liquidator durch Verfügung bestimmt. Diese kann mit betreibungsrechtlicher Beschwerde angefochten werden (Art. 327 Abs. 1 SchKG).

Ist das Pfandobjekt noch nicht verwertet, so nimmt der Pfandgläubiger mit der mutmasslichen Ausfallforderung an der Verteilung teil. Diese wird durch den Sachwalter geschätzt (vgl. § 53 Ziff. 3). Weist der Pfandgläubiger nach, dass der Pfanderlös geringer war, als er vom Sachwalter geschätzt worden ist, so hat er Anspruch auf eine entsprechende Dividende (Art. 327 Abs. 2 SchKG). Erlangt der Pfandgläubiger durch den Pfanderlös und die Dividende eine Überdeckung, so ist er zur Herausgabe verpflichtet (Art. 327 Abs. 3 SchKG).

Mit der endgültigen Verteilungsliste hat der Liquidator auch eine **Schlussrechnung** aufzulegen, welche die Kosten ausweist (Art. 328 SchKG).

Beträge, welche nicht innert der vom Liquidator festgesetzten Frist erhoben werden, sind **bei der Depositenanstalt zu hinterlegen.** Nach Ablauf von zehn Jahren sind nicht erhobene Beträge vom Konkursamt zu verteilen; Art. 269 (über nachträglich entdeckte Vermögenswerte; vgl. § 37 Ziff. 12) ist sinngemäss anwendbar (Art. 329 SchKG).

8. Rechenschaftsbericht

Nach Abschluss des Verfahrens erstellt der Liquidator einen **Schlussbericht.** Dieser muss dem Gläubigerausschuss zur Genehmigung unterbreitet, dem Nachlassgericht eingereicht und den Gläubigern zur Einsicht aufgelegt werden (Art. 330 Abs. 1 SchKG).

Dauert die Liquidation länger als ein Jahr, so ist der Liquidator verpflichtet, auf Ende eines Kalenderjahres einen Status über das liquidierte und das noch nicht liquidierte Vermögen aufzustellen sowie einen Bericht über seine Tätigkeit zu erstatten. Beides ist innert der ersten zwei Monate des folgenden Jahres durch Vermittlung des Gläubigerausschusses dem Nachlassgericht einzureichen und den Gläubigern zur Einsicht aufzulegen (Art. 330 Abs. 2 SchKG).

Rechtstatsächliches: Da Nachlassverträge mit Vermögensabtretungen fasst nur in grösseren oder sehr grossen Verfahren zur Anwendung kommen, dauern solche Verfahren in aller Regel (deutlich) länger als ein Konkursverfahren. Die Kosten sind deutlich höher als bei einem Konkursverfahren. Trotzdem sind Nachlassdividenden in aller Regel signifikant höher als Konkursdividenden.

12. Teil: Nachlassvertrag im Konkurs und einvernehmliche private Schuldenbereinigung

§ 57 Nachlassvertrag im Konkurs

Normalerweise kommt es im Rahmen eines Nachlassverfahrens zu einem (gerichtlichen) Nachlassvertrag (vgl. § 54). Diesem geht eine Nachlassstundung voraus. Der Schuldner kann aber auch während eines Konkursverfahrens einen Nachlassvertrag vorschlagen. In diesem Fall wird **kein Sachwalter** bestellt. Das **Konkursamt**, welches das Konkursverfahren führt, begutachtet den Vorschlag zuhanden der Gläubigerversammlung. Frühestens die **zweite Gläubigerversammlung** entscheidet über die Annahme des Nachlassvertrages (Art. 332 Abs. 1 SchKG). In der Einladung zur Versammlung ist dies besonders anzuzeigen (Art. 252 Abs. 2 SchKG).

Die Bestimmungen über das Zustandekommen des Nachlassvertrages im Nachlassverfahren gelten weitgehend sinngemäss (Art. 332 Abs. 2 i.V.m. Art. 302–307 und Art. 310–331 SchKG; vgl. § 54). Anstelle des Sachwalters agiert die Konkursverwaltung. Bis das Nachlassgericht über die Bestätigung des Nachlassvertrages entschieden hat, wird die **Verwertung** im Konkursverfahren **eingestellt** (Art. 332 Abs. 2 SchKG).

Wird der Nachlassvertrag im Konkurs vom Nachlassgericht bestätigt, so beantragt die Konkursverwaltung beim Konkursgericht den **Widerruf des Konkurses** (Art. 332 Abs. 3 SchKG; vgl. § 35 Ziff. 5). Anstelle der (Rest-)Abwicklung des Konkurses tritt dann die Erfüllung des Nachlassvertrages.

§ 58 Einvernehmliche private Schuldenbereinigung

Dieses Verfahren ist als **Nachlassverfahren «für den kleinen Mann»** (bzw. für Konsumenten) konzipiert. Es ist deshalb nur natürlichen Personen zugänglich, welche nicht der Konkursbetreibung (Art. 39 SchKG; vgl. § 35 Ziff. 1 lit. a) unterliegen (Art. 333 Abs. 1 SchKG). Ziel ist eine Schuldenbereinigung und damit eine Sanierung.

Rechtstatsächliches: Die häufigsten Gläubigergruppen von Privatpersonen sind Steuerbehörden, Versicherungen und Banken. Im Durchschnitt beträgt die Überschuldung das Doppelte des Jahreseinkommens des Schuldners, was eine vollständige Abzahlung illusorisch macht.

Das Gesetz regelt nur wenige Teilaspekte: Das Nachlassgericht kann einem Schuldner auf Antrag eine **Stundung** gewähren. Voraussetzung ist, dass eine Schuldenbereinigung nicht ausgeschlossen ist und die Kosten des Verfahrens sichergestellt sind. Der Schuldner muss seine Schulden sowie seine Einkommens- und Vermögensverhältnisse darlegen (Art. 333 Abs. 2 SchKG). Die Stundung dauert höchstens drei Monate; sie kann auf höchstens sechs Monate verlängert werden (Art. 334 Abs. 2 SchKG).

Während der Stundung kann der Schuldner nur für periodische familienrechtliche Unterhalts- und Unterstützungsbeiträge betrieben werden. Dafür stehen die Fristen in der Betreibung still (Art. 334 Abs. 3 SchKG). Während der Stundung soll der Schuldner ohne Betreibungsdruck mit seinen Gläubigern über eine Schuldenbereinigung verhandeln können.

Zudem wird ein **Sachwalter** bestellt (Art. 334 Abs. 1 SchKG). Dieser unterstützt den Schuldner dabei, einen **Vorschlag zur Bereinigung seiner Schuldensituation** zu erstellen. Der Schuldner kann seinen Gläubigern eine Dividende anbieten, Stundung verlangen oder um andere Zahlungs- oder Zinserleichterungen ersuchen (Art. 335 Abs. 1 SchKG).

Der Sachwalter führt mit den Gläubigern Verhandlungen über den Bereinigungsvorschlag (Art. 335 Abs. 2 SchKG). Die **Einigung** muss **einvernehmlich** erfolgen. D.h., der Schuldner muss mit jedem Gläubiger eine bilaterale Lösung finden. Diese müssen nicht identisch sein. Wenn es zu einem Abschluss kommt, so handelt es sich um einen **aussergerichtlichen Nachlassvertrag** (vgl. § 54 Ziff. 1). Gläubiger, welche nicht zustimmen wollen, können (anders als beim gerichtlichen Nachlassvertrag; vgl. § 54 Ziff. 1) nicht gegen ihren Willen verpflichtet werden.

Das Nachlassgericht kann den Sachwalter beauftragen, den Schuldner bei der Erfüllung der Vereinbarung zu überwachen (Art. 335 Abs. 3 SchKG).

Rechtstatsächliches: In der Praxis gibt es relativ wenige Fälle, in welchen ein Schuldner im Rahmen einer einvernehmlichen privaten Schuldenbereinigung um eine Nachlassstundung ersucht.

Wenn eine natürliche Person sich selbst für insolvent erklärt (um einen Privatkonkurs zu bewirken), dann eröffnet der Richter nur dann den Konkurs, wenn keine Aussicht auf eine einvernehmliche private Schuldenbereinigung besteht (Art. 191 Abs. 2 SchKG). Damit geniesst die Schuldenbereinigung **Vorrang vor dem Privatkonkurs.**

13. Teil: Rechtsbehelfe des Gläubigers

Dem Gläubiger stehen folgende Vorgehensweisen, Rechtsbehelfe und Rechtsmittel zur Verfügung:

§ 59 Allgemein

- **betreibungsrechtliche Beschwerde** gegen jede Verfügung eines Insolvenzorgans (Betreibungsamt, Konkursamt, Sachwalter, Liquidator; Art. 17 ff. SchKG; vgl. § 8 Ziff. 2),
- **Geltendmachung von Nichtigkeit** (Art. 22 SchKG; vgl. § 8 Ziff. 3),
- **Gesuch um Verlängerung bzw. Wiederherstellung von Fristen** (Art. 33 SchKG; vgl. § 9),
- **Aufnahme eines Güterverzeichnisses,** wenn der Schuldner wegen Militär, Zivil- oder Schutzdienstes Rechtsstillstand geniesst (Art. 57c SchKG).

§ 60 Im Einleitungsverfahren

- **Stellen eines Betreibungsbegehrens** (Art. 67 SchKG; vgl. § 13),
- **Wahl,** ob er für Zinsen oder Annuitäten **auf Pfandverwertung oder ordentlich betreiben will** (Art. 41 Abs. 2 SchKG; vgl. § 26 Ziff. 3),
- **definitive oder provisorische Rechtsöffnung,** wenn der Gläubiger über einen entsprechenden Rechtsöffnungstitel verfügt (Art. 80 ff. SchKG; vgl. § 15),

- Verlangen einer **provisorischen Pfändung** oder eines **Güterverzeichnisses,** wenn provisorische Rechtsöffnung erteilt worden ist (Art. 83 Abs. 1 SchKG; vgl. § 15 Ziff. 2 lit. a),
- **Stellen des Fortsetzungsbegehrens** (Art. 88 SchKG; vgl. § 18).

§ 61 In der Betreibung auf Pfändung

- Zustimmung, um **von der Reihenfolge der Pfändung abzuweichen** (Art. 95 Abs. 4bis SchKG; vgl. § 20 Ziff. 5),
- (ordentlicher oder privilegierter) **Pfändungsanschluss** in der Betreibung eines anderen Gläubigers (Art. 110 ff. SchKG; vgl. § 22),
- **Bestreiten einer privilegierten Anschlusspfändung** eines anderen Gläubigers (Art. 111 Abs. 4 SchKG; vgl. § 22 Ziff. 2),
- Zustimmung zu einem **Freihandverkauf** (Art. 130 Ziff. 1, Art. 143b Abs. 1 SchKG; vgl. § 24 Ziff. 3 lit. b),
- Zustimmung zu und Verlangen einer **Forderungsüberweisung** (Art. 131 SchKG; vgl. § 24 Ziff. 3 lit. d),
- Zustimmung zur **vorzeitigen Verwertung** von Grundstücken (Art. 133 Abs. 2 SchKG),
- Verlangen des **Doppelaufrufs** eines Pfandobjekts durch den Pfandgläubiger (Art. 142 SchKG; vgl. § 24 Ziff. 3 lit. c/aa),
- **Anfechtung des Kollokationsplans** bzw. des Lastenverzeichnisses durch Beschwerde (Art. 17 SchKG) oder Klage (Art. 148, Art. 157 Abs. 4 SchKG; vgl. § 25 Ziff. 4),
- **Einleitung einer neuen Betreibung ohne Einleitungsverfahren** während sechs Monaten nach Ausstellen eines Pfändungsverlustscheins (Art. 149 Abs. 3 SchKG; vgl. § 25 Ziff. 5).

§ 62 In der Betreibung auf Pfandverwertung

- **Einleiten einer ordentlichen Betreibung, obschon ein Pfandrecht besteht** (Art. 41 Abs. 1bis SchKG; vgl. § 26 Ziff. 3),
- Verlangen des **Pfandgläubigers** (im Betreibungsbegehren), dass die **Pfandhaft** sofort **auf die Miet- und Pachtzinserträgnisse auszudehnen sei** (Art. 152 Abs. 2 SchKG; vgl. § 27 Ziff. 3),
- Zustimmung zu einem **Freihandverkauf** (Art. 156 Abs. 1 i.V.m. Art. 130 Ziff. 1, Art. 143b Abs. 1 SchKG; vgl. § 28),
- Zustimmung zu und Verlangen einer **Forderungsüberweisung** (Art. 156 Abs. 1 i.V.m. Art. 131 SchKG; vgl. § 28),
- Zustimmung zur **vorzeitigen Verwertung** von Grundstücken (Art. 156 Abs. 1 i.V.m. Art. 133 Abs. 2 SchKG; vgl. § 28),
- Verlangen des **Doppelaufrufs** eines Pfandobjekts durch den Pfandgläubiger (Art. 156 Abs. 1 i.V.m. Art. 142 SchKG; vgl. § 28),
- **Anfechtung des Kollokationsplans** bzw. des Lastenverzeichnisses durch Beschwerde (Art. 17 SchKG) oder Klage (Art. 157 Abs. 4 i.V.m. Art. 148 SchKG; vgl. § 29),
- Verlangen eines **Retentionsverzeichnisses** (Art. 283 SchKG; § 32),
- Verlangen, dass **Objekte,** welche vor Aufnahme eines Retentionsverzeichnisses fortgeschafft worden sind, **zurückgeschafft** werden (Art. 284 SchKG; § 34).

§ 63 Im Konkurs

Konkurseröffnung

- Begehren um **Aufnahme eines Güterverzeichnisses** (Art. 162 SchKG; vgl. § 35 Ziff. 1 lit. c),

- Stellen des **Konkursbegehrens** (Art. 166 SchKG; vgl. § 35 Ziff. 1 lit. c),
- Verlangen der **Wechselbetreibung** (Art. 177 SchKG; vgl. § 35 Ziff. 2),
- Begehren um **Konkurseröffnung ohne vorgängige Betreibung** (Art. 190 SchKG; vgl. § 35 Ziff. 3 lit. a),
- Erklären der **Verrechnung** (Art. 213 SchKG; vgl. § 36 Ziff. 3 lit. e),
- **Betreibung auf Pfändung** zwei Jahre nach Einstellung des Konkurses mangels Aktiven (Art. 230 Abs. 3 SchKG; vgl. § 37 Ziff. 2 lit. a).

Konkursverfahren

- **Leistung von Sicherheit,** damit anstatt des summarischen das ordentliche Konkursverfahren durchgeführt wird (Art. 231 Abs. 2 SchKG; vgl. § 37 Ziff. 2 lit. b) oder um den Konkurs durchführen zu lassen, wenn dieser mangels Aktiven eingestellt werden soll (Art. 230 SchKG; vgl. § 37 Ziff. 2 lit. a),
- Recht eines Gläubigers, **bei ausgeschlagener Erbschaft die Abtretung der Nachlassaktiven zu verlangen,** nachdem der Erbschaftskonkurs mangels Aktiven eingestellt worden ist und kein Erbe die Abtretung verlangt (Art. 230a Abs. 1 SchKG),
- **Verlangen der Pfandverwertung** durch den Pfandgläubiger nach Einstellung des Konkurses mangels Aktiven über eine juristische Person (Art. 230a Abs. 2 SchKG; vgl. § 37 Ziff. 2 lit. a),
- **Forderungen** anmelden (Art. 232 Abs. 2 Ziff. 2 SchKG; vgl. § 37 Ziff. 3), und zwar bis zum Schluss des Konkursverfahrens (Art. 251 SchKG; vgl. § 37 Ziff. 6 lit. c/ff),
- **Teilnahme- und Stimmrecht an Gläubigerversammlungen** (Kollektivrecht der Gläubiger; Art. 235 Abs. 3 und 4, Art. 252 SchKG; vgl. § 37 Ziff. 4 lit. a und § 37 Ziff. 7),
- **Wahl/Abwahl einer ausseramtlichen Konkursverwaltung und eines Gläubigerausschusses** (Kollektivrecht der Gläubiger;

Art. 237 Abs. 2 und 3, Art. 253 Abs. 2 SchKG; vgl. § 37 Ziff. 4 lit. a),

- **Anfechtung des Kollokationsplans** bzw. des Lastenverzeichnisses durch Beschwerde (Art. 17 SchKG) oder Klage (Art. 250 SchKG; vgl. § 37 Ziff. 6 lit. c/ee),
- Recht, **Gläubigerbeschlüsse auf dem Zirkularweg zu fassen** (Kollektivrecht der Gläubiger; Art. 255a SchKG; vgl. § 37 Ziff. 7),
- **Zustimmung der Pfandgläubiger zur freihändigen Verwertung von Pfandobjekten** (Art. 256 Abs. 2 SchKG; vgl. § 37 Ziff. 8 lit. b),
- **Recht,** bei der Verwertung von Grundstücken und Vermögenswerten von bedeutendem Wert **höhere Angebote zu unterbreiten** (Art. 256 Abs. 3 SchKG; vgl. § 37 Ziff. 8 lit. b),
- Verlangen des **Doppelaufrufs** eines Pfandobjekts durch den Pfandgläubiger (Art. 258 Abs. 2 i.V.m. Art. 142 SchKG; vgl. § 37 Ziff. 8 lit. a),
- **Geltendmachung von strittigen Rechtsansprüchen** der Konkursmasse, wenn die Mehrheit die Gläubiger auf deren Geltendmachung verzichtet hat (Art. 260 SchKG; vgl. § 37 Ziff. 8 lit. c),
- **Vorschlag eines Nachlassvertrages** im Konkurs (Art. 238 Abs. 2, Art. 332 SchKG; vgl. § 55).

§ 64 Im Nachlassverfahren

Während der Nachlassstundung

- Antrag auf **Bewilligung einer Nachlassstundung,** sofern der Gläubiger das Konkursbegehren stellen kann (Art. 293 Abs. 2 SchKG; vgl. § 53 Ziff. 1 lit. a),
- **Beschwerde nach der ZPO gegen den Entscheid des Nachlassgerichts über die definitive Nachlassstundung** durch den

antragstellenden Gläubiger (Art. 295c Abs. a SchKG; vgl. § 53 Ziff. 1 lit. b/bb),

- Verlangen einer **neuen Pfandschätzung** (Art. 299 Abs. 3 SchKG);
- **Forderungen** anmelden (Art. 300 SchKG),
- **Teilnahme- und Stimmrecht an Gläubigerversammlungen** (Kollektivrecht der Gläubiger; Art. 301 f. SchKG; vgl. § 53 Ziff. 4),
- **Zustimmung oder Ablehnung des Nachlassvertrages** (Art. 302 Abs. 3, Art. 305 SchKG; vgl. § 53 Ziff. 4, § 54 Ziff. 2),

Beim ordentlichen Nachlassvertrag

- Antrag auf **Aufhebung des Nachlassvertrages** (Art. 316 SchKG).

Beim Nachlassvertrag mit Vermögensabtretung

- **Wahl/Abwahl eines Liquidators und eines Gläubigerausschusses** (Kollektivrecht der Gläubiger; Art. 317 Abs. 2, Art. 318 Abs. 1 Ziff. 2 SchKG; vgl. § 53),
- **Anfechtung des Kollokationsplans** bzw. des Lastenverzeichnisses durch Beschwerde (Art. 17 SchKG) oder Klage (Art. 321, Art. 250 SchKG; vgl. § 56 Ziff. 3),
- Erklärung der **Verrechnung** (Art. 213 SchKG),
- **Absonderungsrecht der Pfandgläubiger** (Art. 323 f. SchKG; vgl. § 56 Ziff. 5),
- Verlangen des **Doppelaufrufs** eines Pfandobjekts durch den Pfandgläubiger (Art. 323 i.V.m. Art. 142 SchKG),
- **Geltendmachung von strittigen Rechtsansprüchen** der Nachlassmasse, wenn die Mehrheit die Gläubiger auf deren Geltendmachung verzichtet hat (Art. 325 SchKG; vgl. § 56 Ziff. 5).

§ 65 Sonstige Rechte

- Vermögenswerte des Schuldners mit **Arrest** belegen zulassen (Art. 149 Abs. 2, Art. 265 Abs. 2, Art. 271 SchKG; vgl. § 39 ff.),
- **provisorischer Pfändungsanschluss,** wenn nach Arrestlegung der Arrestgegenstand von einem anderen Gläubiger gepfändet wird (Art. 281 Abs. 1 SchKG; vgl. § 42),
- **Führen von Anfechtungsklagen** (Art. 285 ff. SchKG; vgl. § 47) durch den Gläubiger mit einem Pfändungsverlustschein oder einen Abtretungsgläubiger (Art. 260 SchKG),
- Antrag um **Widerruf der Notstundung** (Art. 348 SchKG).

14. Teil: Rechtsbehelfe des Schuldners

Dem Schuldner stehen folgende Verteidigungsmittel, Rechtsbehelfe und Rechtsmittel zur Verfügung:

§ 66 Allgemein

- **Negative Feststellungsklage** und Löschung des Betreibungsregistereintrages (vgl. § 7),
- **betreibungsrechtliche Beschwerde** gegen jede Verfügung eines Insolvenzorgans (Betreibungsamt, Konkursamt, Sachwalter, Liquidator; Art. 17 ff. SchKG; vgl. § 8 Ziff. 2),
- **Geltendmachung von Nichtigkeit** (Art. 22 SchKG; vgl. § 8 Ziff. 3),
- **Gesuch um Verlängerung bzw. Wiederherstellung von Fristen** (Art. 33 SchKG; vgl. § 9).

§ 67 Im Einleitungsverfahren

- **Einrede der Vorabwertung eines Pfandobjektes** (beneficium excussionis realis), wenn er für eine pfandgesicherte Forderung ordentlich (auf Pfändung oder Konkurs) betrieben wird (Art. 41 Abs. 1bis SchKG; vgl. § 26 Ziff. 3),
- **Verlangen, dass der Gläubiger die Beweismittel** für seine Forderung beim Betreibungsamt **zur Einsicht vorlegt** (Art. 73 Abs. 1 SchKG; vgl. § 14 Ziff. 1),
- **Erhebung des Rechtsvorschlags** gegen den Zahlungsbefehl (Art. 74 f. SchKG; vgl. § 14 Ziff. 2),

- **Erhebung eines nachträglichen Rechtsvorschlags** bei Gläubigerwechsel (Art. 77 SchKG; vgl. § 14 Ziff. 2),
- Erhebung des **Rechtsvorschlags «kein neues Vermögen»** bei Betreibung aufgrund einer **Konkursverlustscheinforderung** (Art. 265a Abs. 1 SchKG; vgl. § 37 Ziff. 10 lit. b/bb),
- Erhebung von **Einreden und Einwendungen in der provisorischen und definitiven Rechtsöffnung** (Art. 81, Art. 82 Abs. 2 SchKG; vgl. § 15 Ziff. 2/3),
- Erhebung einer **Aberkennungsklage,** wenn dem Gläubiger provisorische Rechtsöffnung erteilt worden ist (Art. 83 Abs. 2 SchKG; § 15 Ziff. 2 lit. b),
- Antrag um richterliche **Aufhebung oder Einstellung der Betreibung** (Art. 85/85a SchKG; vgl. § 16),
- **Rückforderungsklage** bei Zahlung unter Betreibungsdruck (Art. 86, Art. 187 SchKG; vgl. § 17).

§ 68 In der Betreibung auf Pfändung

- Geltendmachung von **Unpfändbarkeit oder beschränkter Pfändbarkeit** von Vermögensobjekten (Art. 92 f. SchKG; vgl. § 20 Ziff. 3/4),
- Zustimmung, um **von der Reihenfolge der Pfändung abzuweichen** (Art. 95 Abs. 4bis SchKG; vgl. § 20 Ziff. 5),
- **Bestreiten einer privilegierten Anschlusspfändung** eines Gläubigers (Art. 111 Abs. 4 SchKG; vgl. § 22 Ziff. 2),
- Verlangen eines **Verwertungsaufschubs** (Art. 123 SchKG; vgl. § 24 Ziff. 2),
- Verlangen einer **vorzeitigen Verwertung** (Art. 124 Abs. 1, Art. 133 Abs. 2, Art. 156 Abs. 1 SchKG; vgl. § 24 Ziff. 2),
- Zustimmung zu einem **Freihandverkauf** (Art. 130 Ziff. 1, 143b Abs. 1 SchKG; vgl. § 24 Ziff. 3 lit. b).

§ 69 In der Betreibung auf Pfandverwertung

- Verlangen eines **Verwertungsaufschubs** (Art. 156 Abs. 1 i.V.m. Art. 123 SchKG; vgl. § 28),
- Verlangen einer **vorzeitigen Verwertung** (Art. 156 Abs. 1 i.V.m. Art. 124 Abs. 1, Art. 133 Abs. 2 SchKG; vgl. § 28),
- Zustimmung zu einem **Freihandverkauf** (Art. 156 Abs. 1 i.V.m. Art. 130 Ziff. 1, Art. 143b SchKG; vgl. § 28).

§ 70 Im Konkurs

- **Begründeter Rechtsvorschlag in der Wechselbetreibung** (Art. 179 SchKG; vgl. § 35 Ziff. 2),
- **Insolvenzerklärung** (Art. 191 SchKG; vgl. § 35 Ziff. 3 lit. b),
- **Überschuldungsanzeige** bei Kapitalgesellschaften (Art. 192 SchKG; vgl. § 35 Ziff. 3 lit. c),
- Antrag um **Widerruf des Konkurses** (Art. 195 SchKG; vgl. § 35 Ziff. 5),
- Geltendmachung von **Kompetenzstücken** und des **Existenzminimums** im Konkurs (Art. 224 i.V.m. Art. 92 SchKG; vgl. § 37 Ziff. 1),
- Anspruch auf einen **billigen Unterhaltsanspruch** (Art. 229 Abs. 2 SchKG; vgl. § 37 Ziff. 1),
- **Unterbreiten eines Nachlassvertrages** im Konkurs (Art. 238 Abs. 2, Art. 332 SchKG; vgl. § 55),
- **Bestreiten von Konkursforderungen** (Art. 244, Art. 265 Abs. 1 SchKG; vgl. § 37 Ziff. 6 lit. b).

§ 71 Im Nachlassverfahren

- Antrag auf Bewilligung einer **Nachlassstundung** (Art. 293 Abs. 1 SchKG; vgl. § 53 Ziff. 1 lit. a),
- **Unterbreiten eines Nachlassvertrages** (Art. 302 Abs. 3 SchKG),
- Verlangen einer **neuen Pfandschätzung** (Art. 299 Abs. 3 SchKG),
- **Bestreiten von Nachlassforderungen** (Art. 305 Abs. 3, Art. 315 Abs. 1 SchKG),
- Antrag auf **Einstellung der Verwertung von Grundpfändern** (Art. 306a SchKG).

§ 72 Sonstige Rechte

- **Vermeidung eines Arrestes** durch Einreichung einer **Schutzschrift,**
- **Verlangen,** dass der **Arrestgläubiger** eine **Sicherheit** leistet (Art. 273 Abs. 1 SchKG; vgl. § 40 Ziff. 4),
- **Schadenersatzklage** gegen den Arrestgläubiger (Art. 273 SchKG; vgl. § 40 Ziff. 4),
- **Sicherungsleistung, um einen Arrest abzuwenden** (Art. 277 SchKG; § 40 Ziff. 3),
- **Arresteinsprache** gegen einen Arrestbefehl (Art. 278 SchKG; vgl. § 40 Ziff. 1),
- **Beschwerde nach ZPO gegen die Vollstreckbarkeitserklärung von LugÜ-Entscheiden** (Art. 327a ZPO),
- **Einvernehmliche private Schuldenbereinigung,** sofern der Schuldner nicht der Konkursbetreibung unterliegt (Art. 333 SchKG; vgl. § 58),
- Antrag auf **Notstundung** (Art. 338 SchKG).

15. Teil: Rechtsbehelfe von Dritten

§ 73 Allgemein

- **betreibungsrechtliche Beschwerde** gegen jede Verfügung eines Insolvenzorgans (Betreibungsamt, Konkursamt, Sachwalter, Liquidator; Art. 17 ff. SchKG; vgl. § 8 Ziff. 2),
- **Geltendmachung von Nichtigkeit** (Art. 22 SchKG; vgl. § 8 Ziff. 3),
- **Gesuch um Verlängerung bzw. Wiederherstellung von Fristen** (Art. 33 SchKG; vgl. § 9).

§ 74 In der Betreibung auf Pfändung

- **Geltendmachung von Ansprüchen im Widerspruchsverfahren** (Art. 106 ff., Art. 155 Abs. 1 SchKG; vgl. § 21).

§ 75 In der Betreibung auf Pfandverwertung

- Recht von **mitbetriebenen Parteien** in der Betreibung auf Pfandverwertung, **Beschwerde zu führen** und **Rechtsvorschlag zu erheben** (Art. 153 Abs. 2 SchKG; vgl. § 27 Ziff. 1).
- **Geltendmachung von Ansprüchen im Widerspruchsverfahren** (Art. 106 ff., Art. 155 Abs. 1 SchKG; vgl. § 21).

§ 76 Im Konkurs

- **Geltendmachung von Absonderungs-** (Art. 17 f. BEG; vgl. § 37 Ziff. 5 lit. a) oder **Aussonderungsansprüchen** (Art. 201–203, Art. 242 SchKG; vgl. § 37 Ziff. 5 lit. b).

§ 77 Im Nachlassverfahren

- **Rechte von Mitverpflichteten** bei der Zustimmung zum Nachlassvertrag (Art. 303 SchKG; vgl. § 53 Ziff. 5),
- **Geltendmachung von Absonderungs-** (Art. 17 f. BEG) oder **Aussonderungsansprüchen** (Art. 201–203, Art. 242, Art. 319 Abs. 4 SchKG) beim Nachlassvertrag mit Vermögensabtretung (vgl. § 56 Ziff. 4).

§ 78 Sonstige Rechte

- **Geltendmachung von Ansprüchen im Widerspruchsverfahren nach erfolgter Arrestlegung** (Art. 275 i.V.m. Art. 106 ff. SchKG; vgl. § 21).

Grafik 1: Einleitungsverfahren

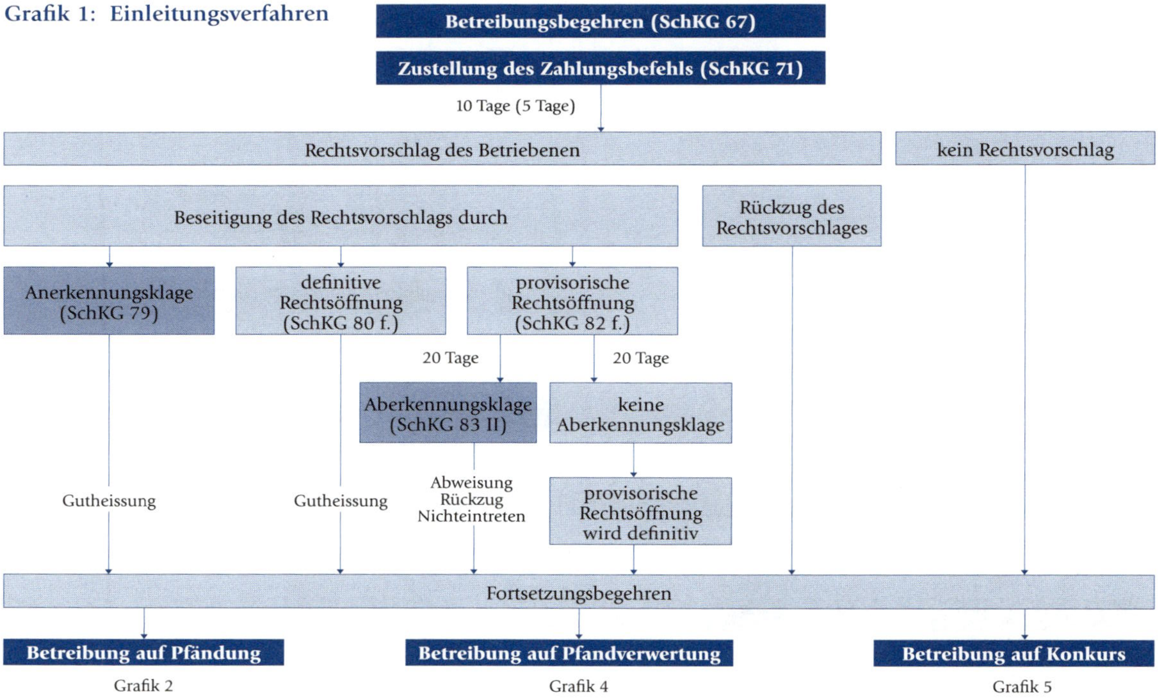

Grafik 2: Fortsetzung der Betreibung auf Pfändung

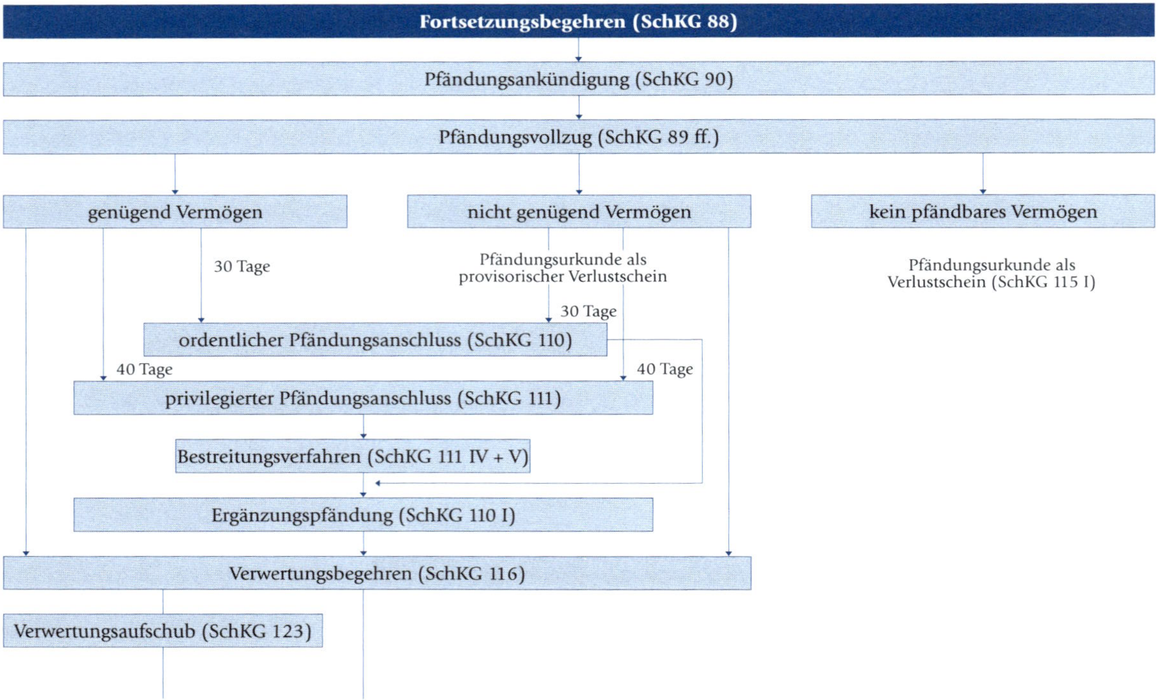

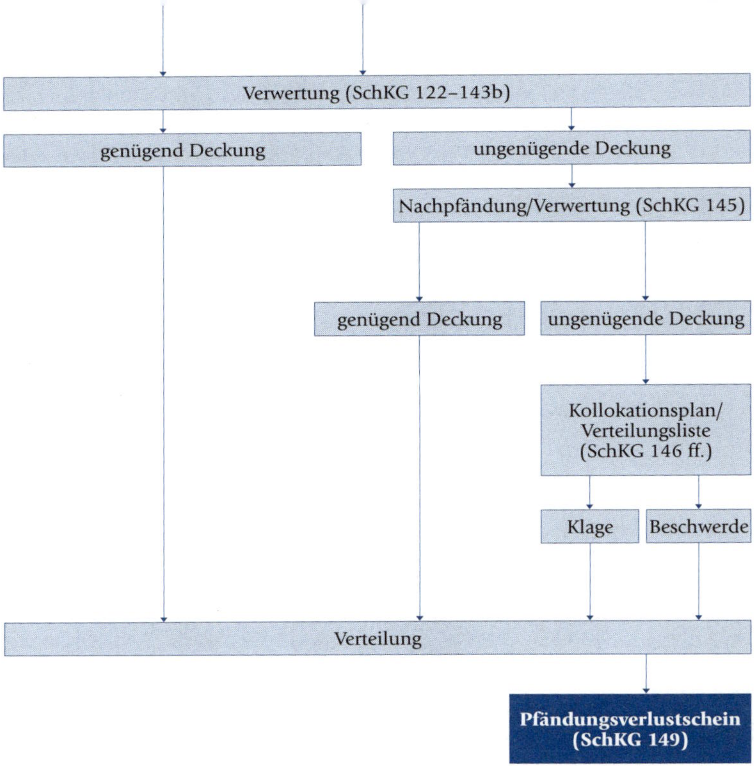

Verwertung (SchKG 122–143b)
genügend Deckung
ungenügende Deckung
Nachpfändung/Verwertung (SchKG 145)
genügend Deckung
ungenügende Deckung
Kollokationsplan/
Verteilungsliste
(SchKG 146 ff.)
Klage
Beschwerde
Verteilung
Pfändungsverlustschein
(SchKG 149)

Grafik 3: Widerspruchsverfahren (SchKG 106–109)

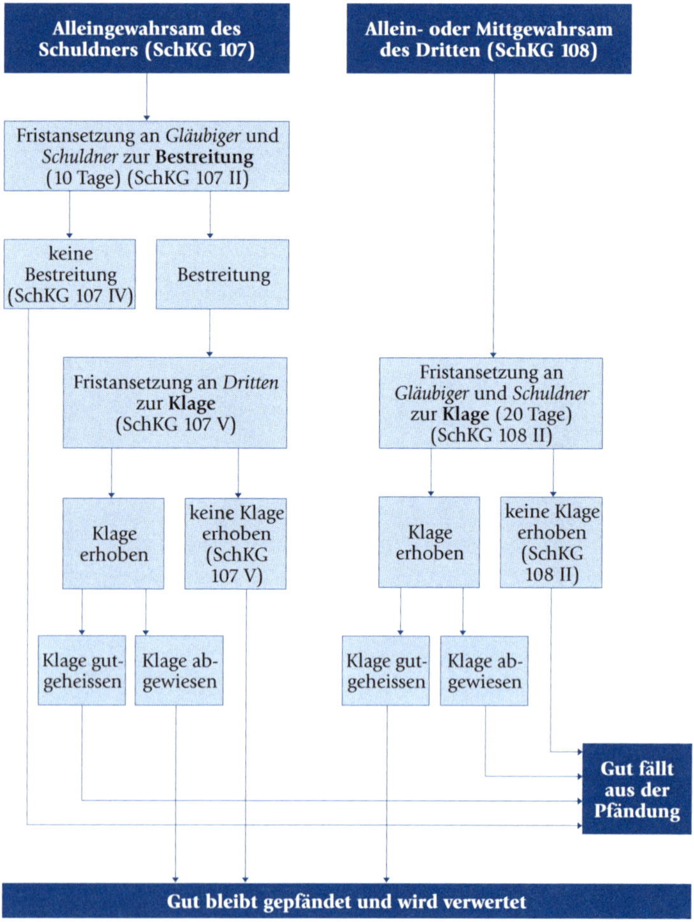

Grafik 4: Fortsetzung der Betreibung auf Pfandverwertung

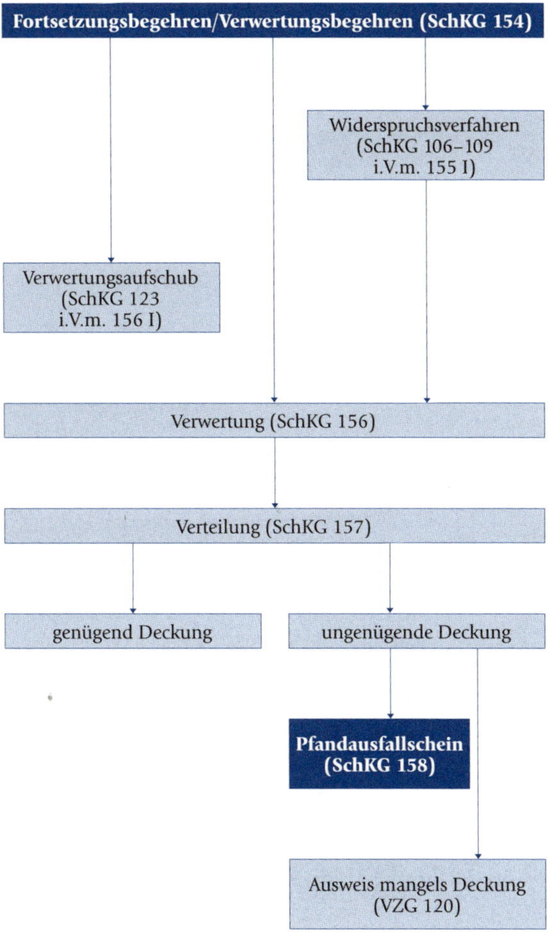

Grafik 5: Ordentliches Konkursverfahren

Gläubiger	**Fortsetzungsbegehren (SchKG 88)**
BA	Konkursandrohung (SchKG 159)
Gläubiger	Konkursbegehren (SchKG 166)
Konkurs-richter	Konkurseröffnung (SchKG 171)
KA	Inventaraufnahme (SchKG 221)
Konkurs-richter	Entscheid über die «Art» des Verfahrens (SchKG 230/231)
KA	Publikation (SchKG 232)
KA/Gläubiger	erste Gläubigerversammlung (SchKG 235 ff.)
Gläubiger	Forderungseingaben (SchKG 232)
KA	Verwaltung der Konkursaktiven/Erwahrung der Konkursforderungen
KA	Erstellung und Auflage von Inventar und Kollokationsplan samt Lastenverzeichnissen (SchKG 247 ff.)
KA/Gläubiger	zweite Gläubigerversammlung (SchKG 252 ff.)
Gläubiger/ Dritte	Kollokationsklagen/Aussonderungsklagen (SchKG 250, 242)
KA	Verwertung der Aktiven (SchKG 256 ff.)
KA	Verteilung des Erlöses (SchKG 261)
KA	Ausstellung der Konkursverlustscheine (SchKG 265)
Konkurs-richter	Schliessung des Konkursverfahrens (SchKG 268)

Grafik 6: Arrest

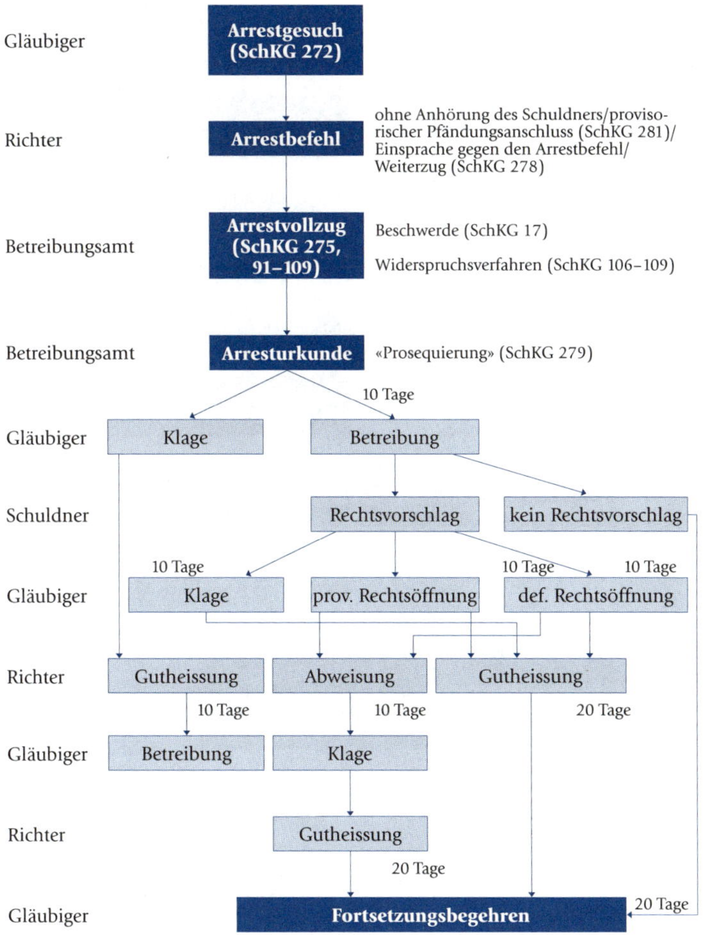

Grafik 7: Nachlassverfahren

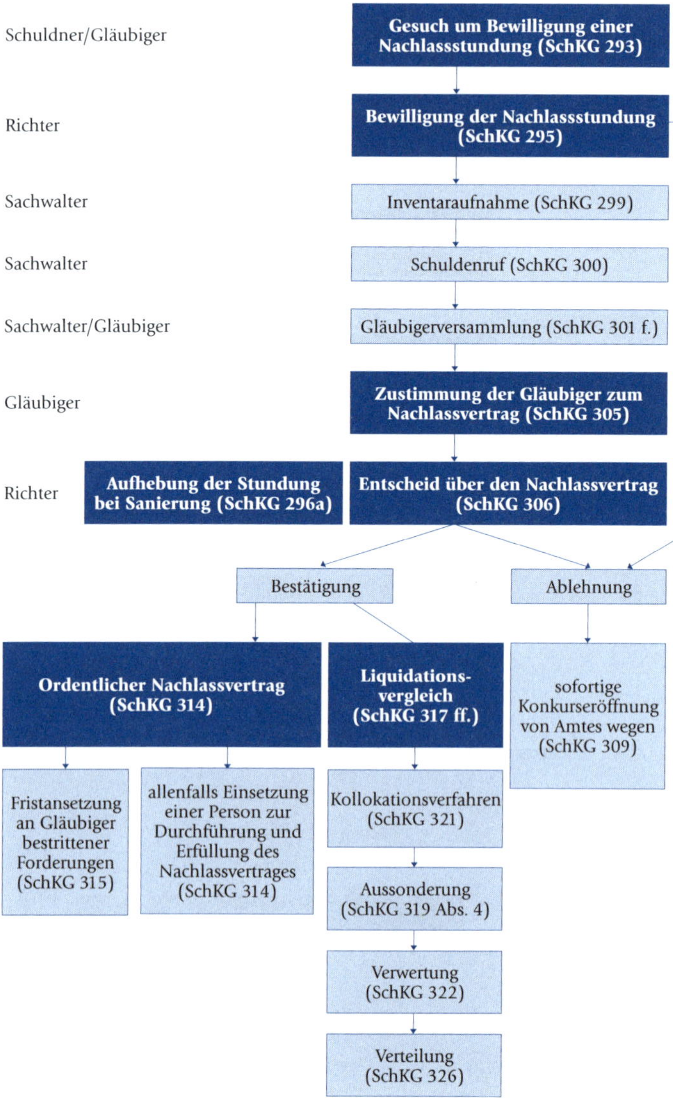